Crea Tu Propio Comic

Este cómic pertenece a

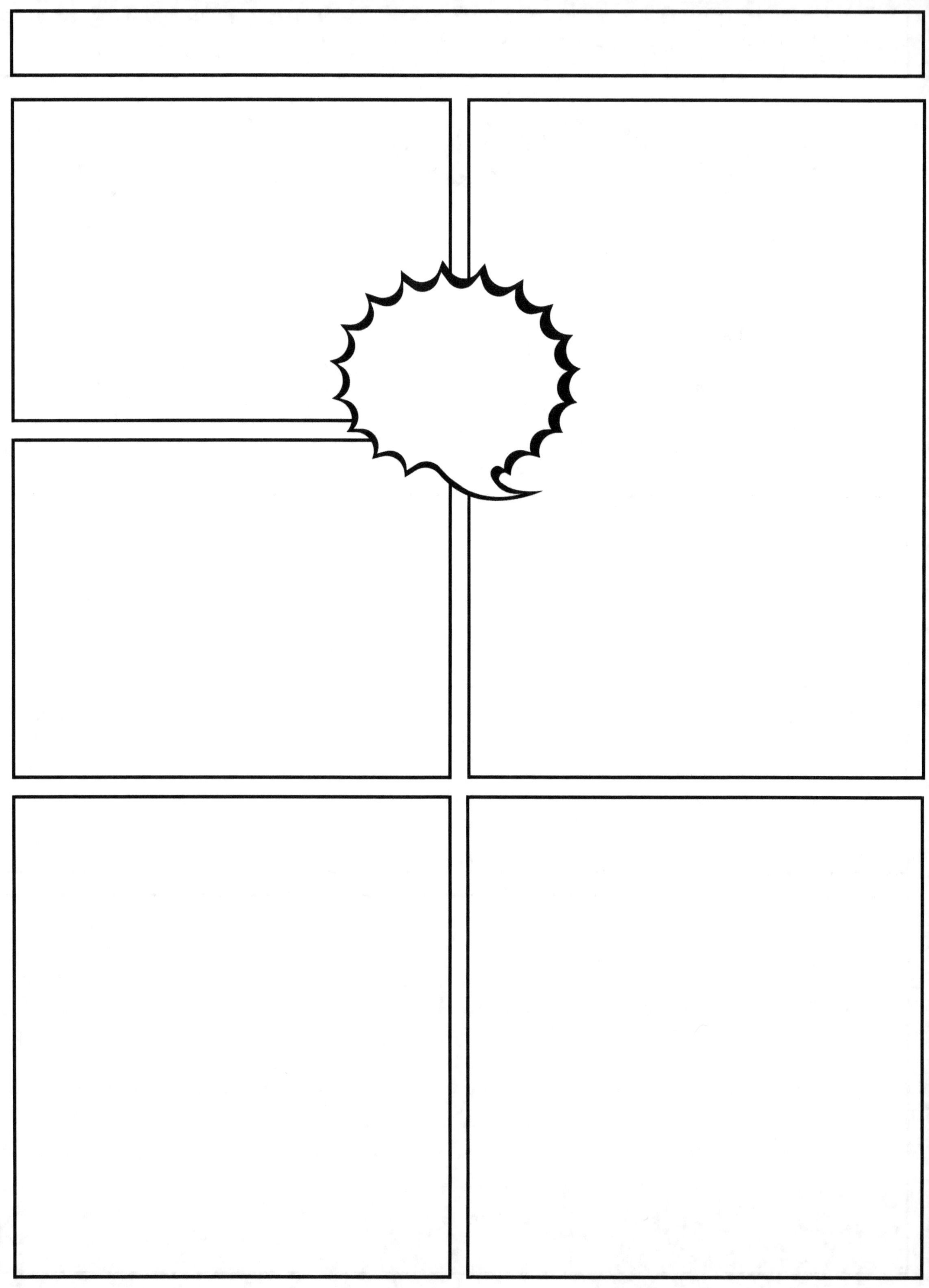

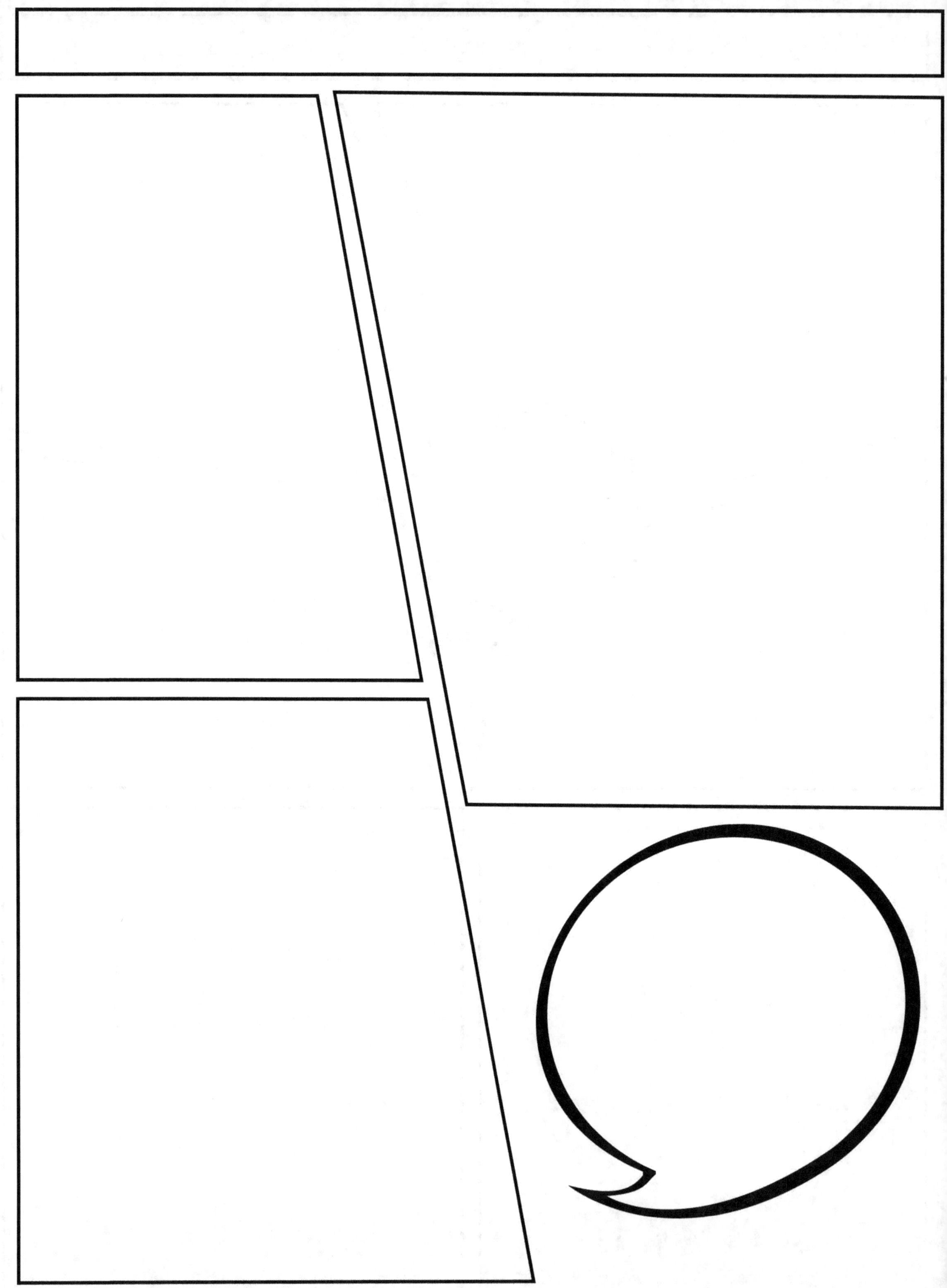

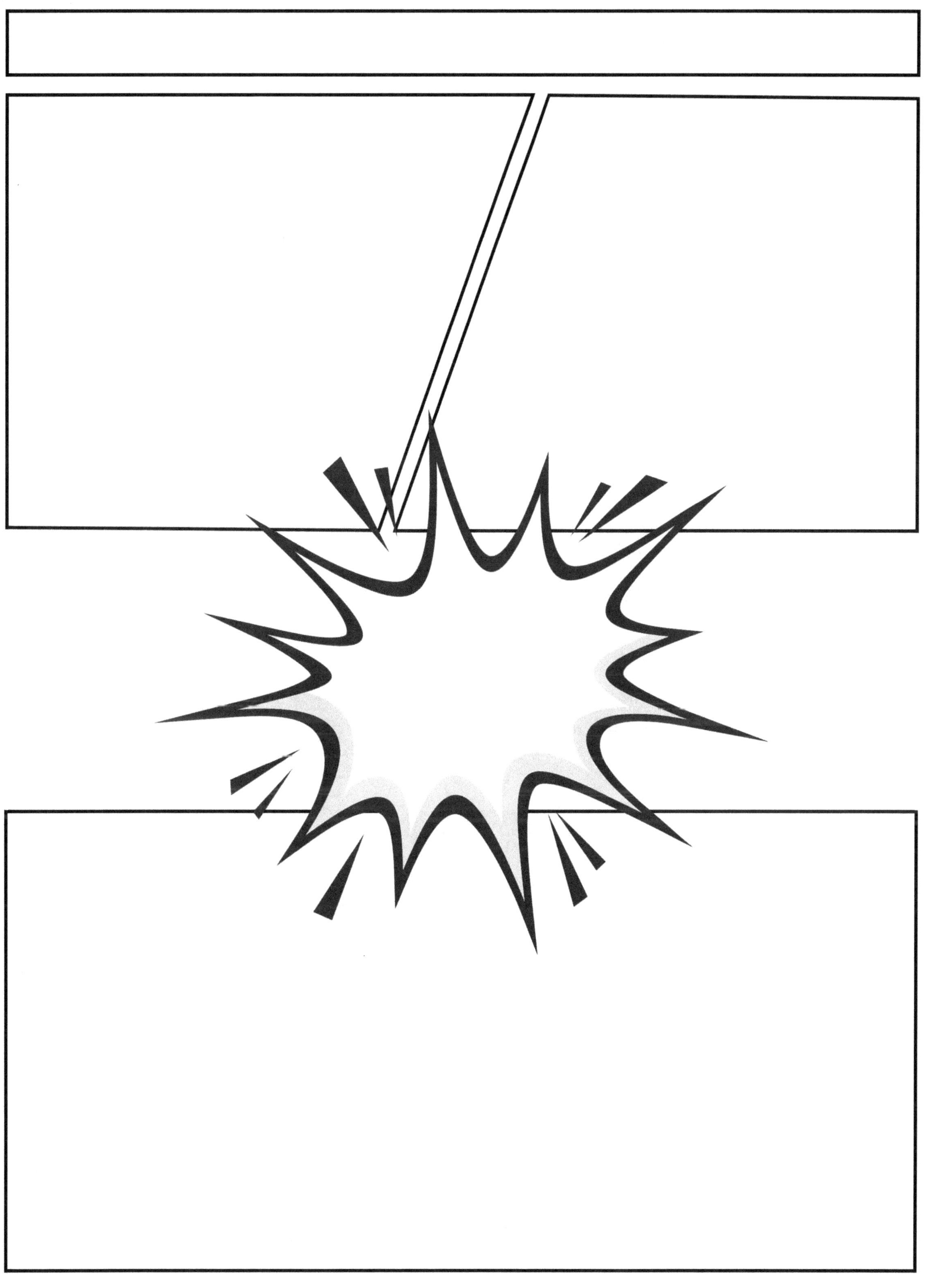

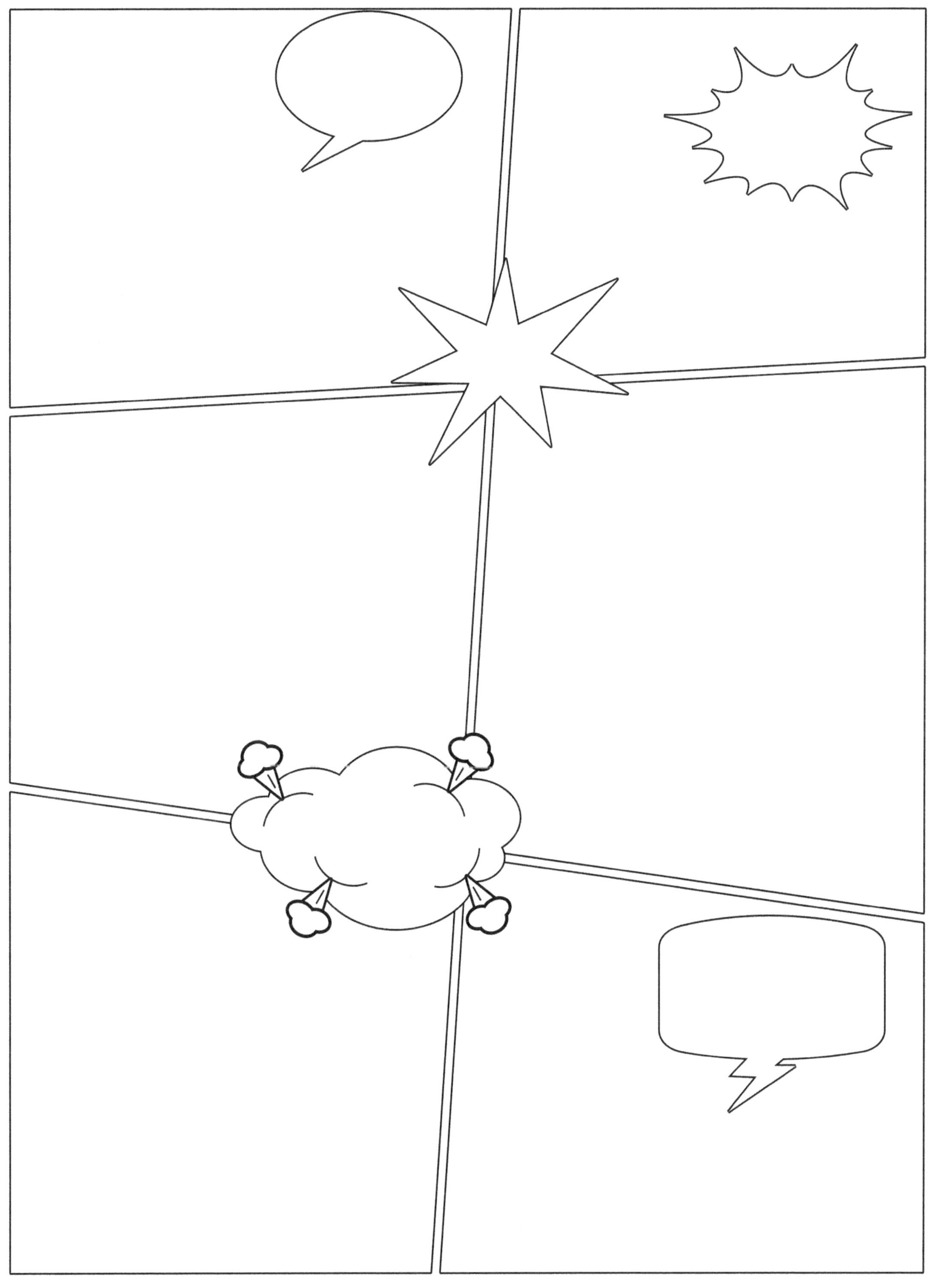

?
BOOM

WOW!

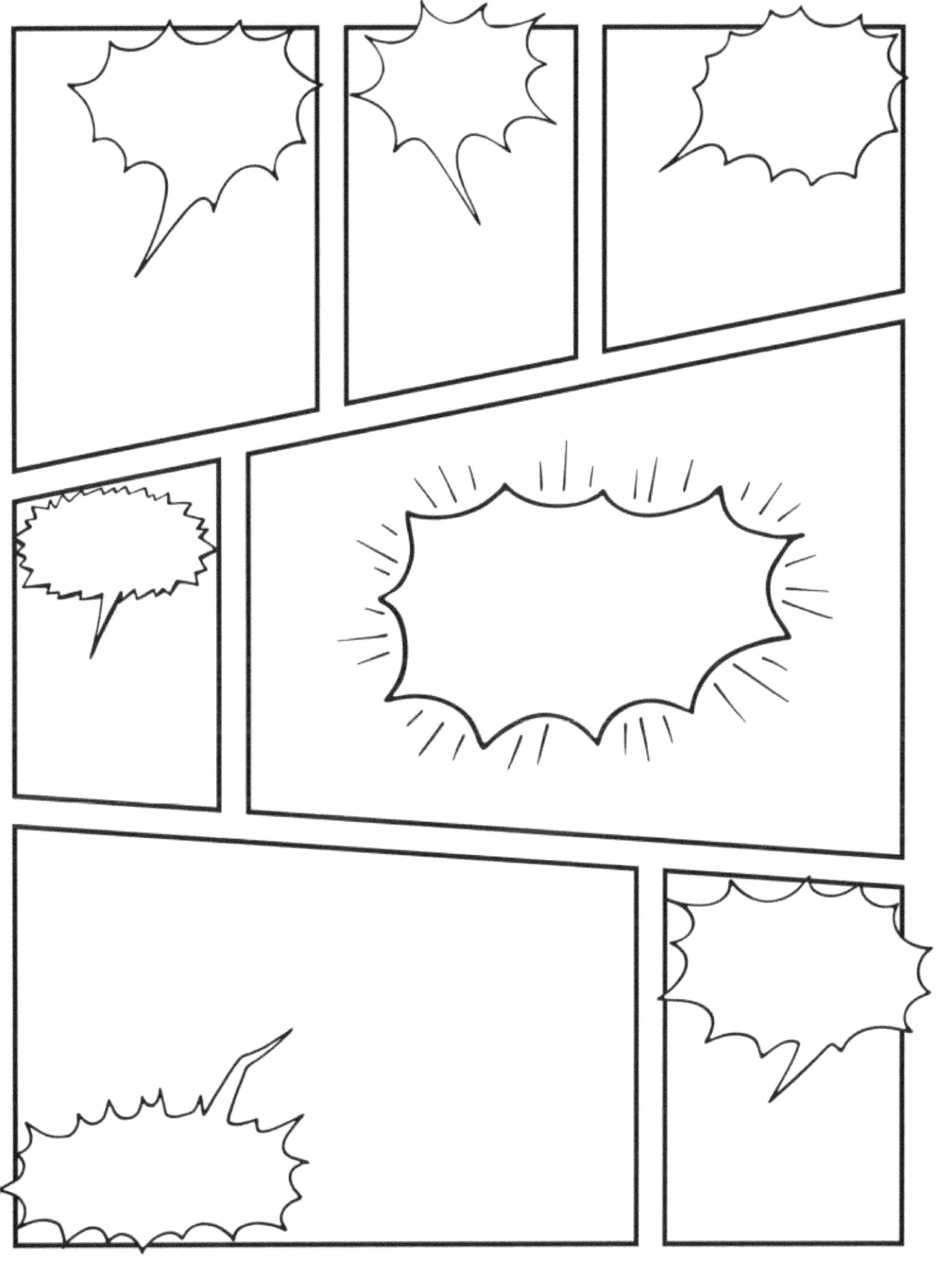

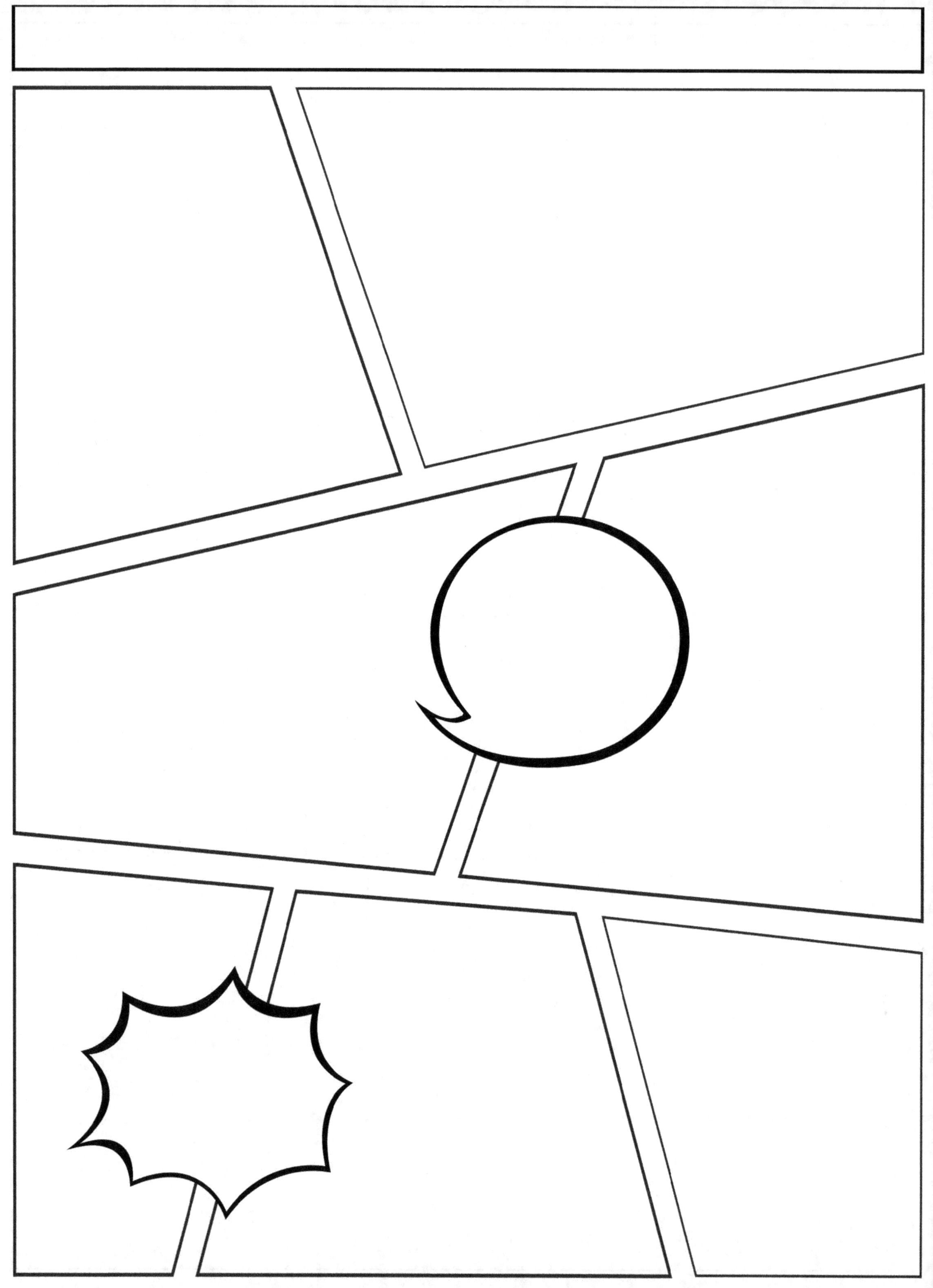

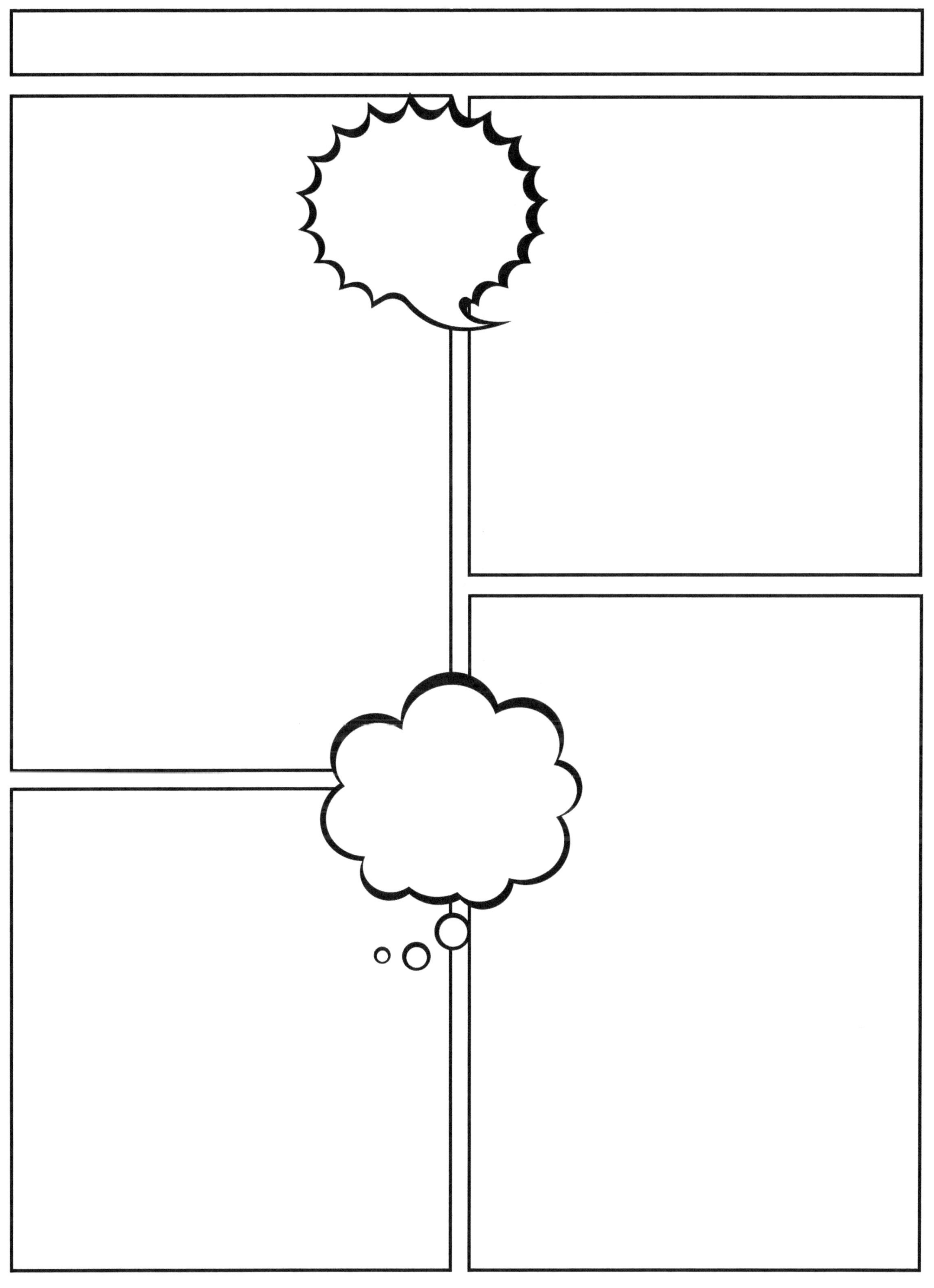

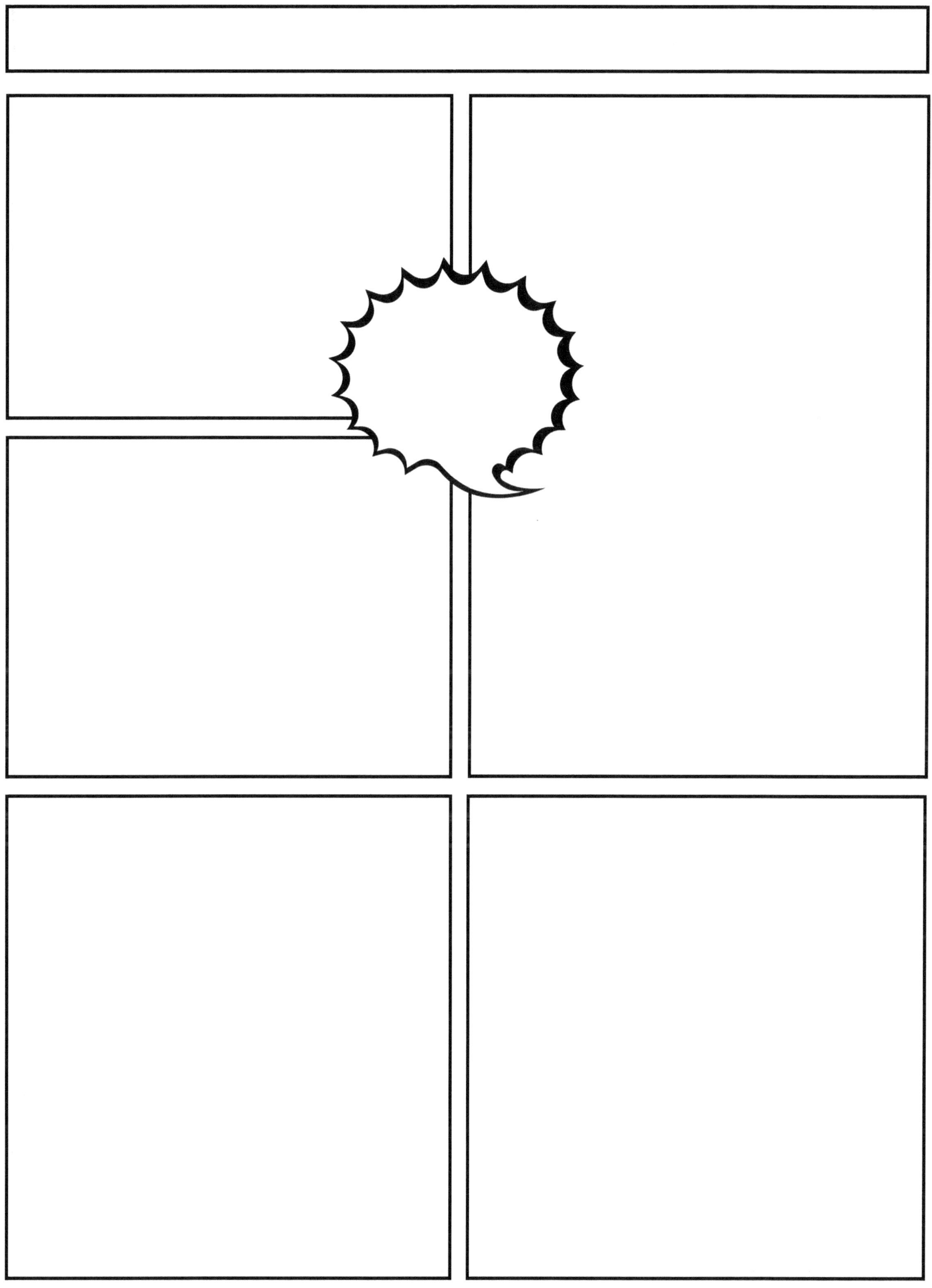

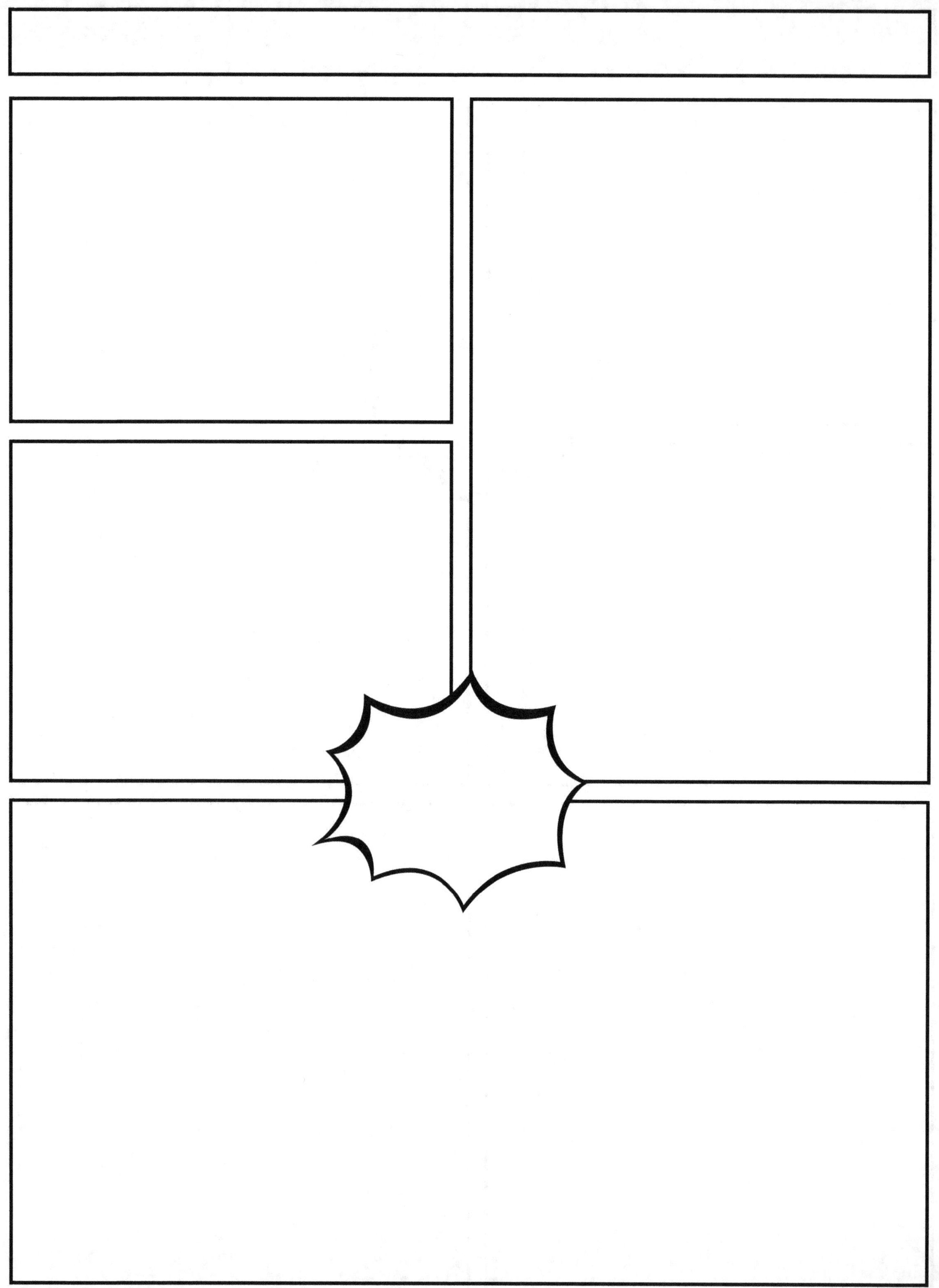

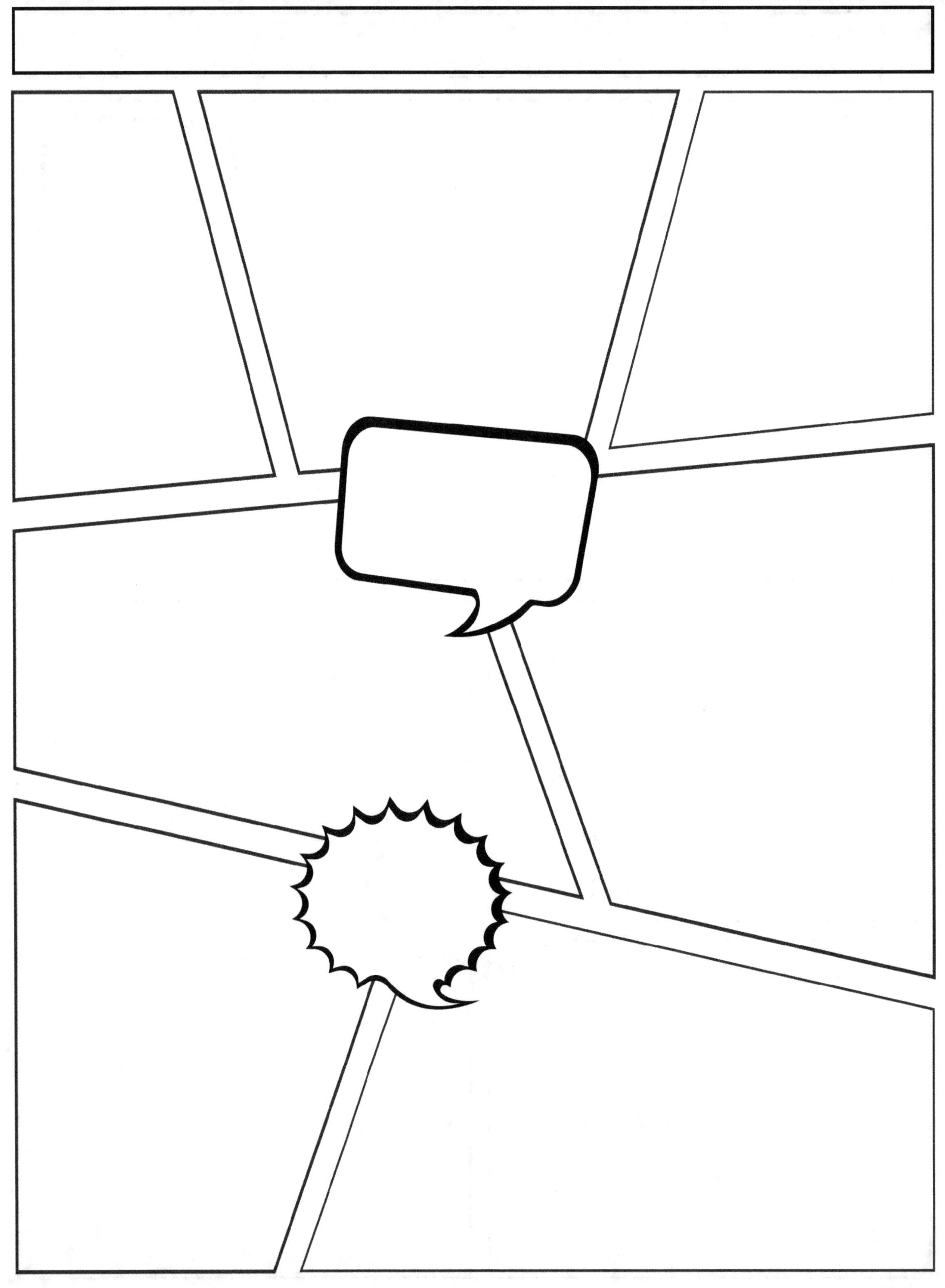

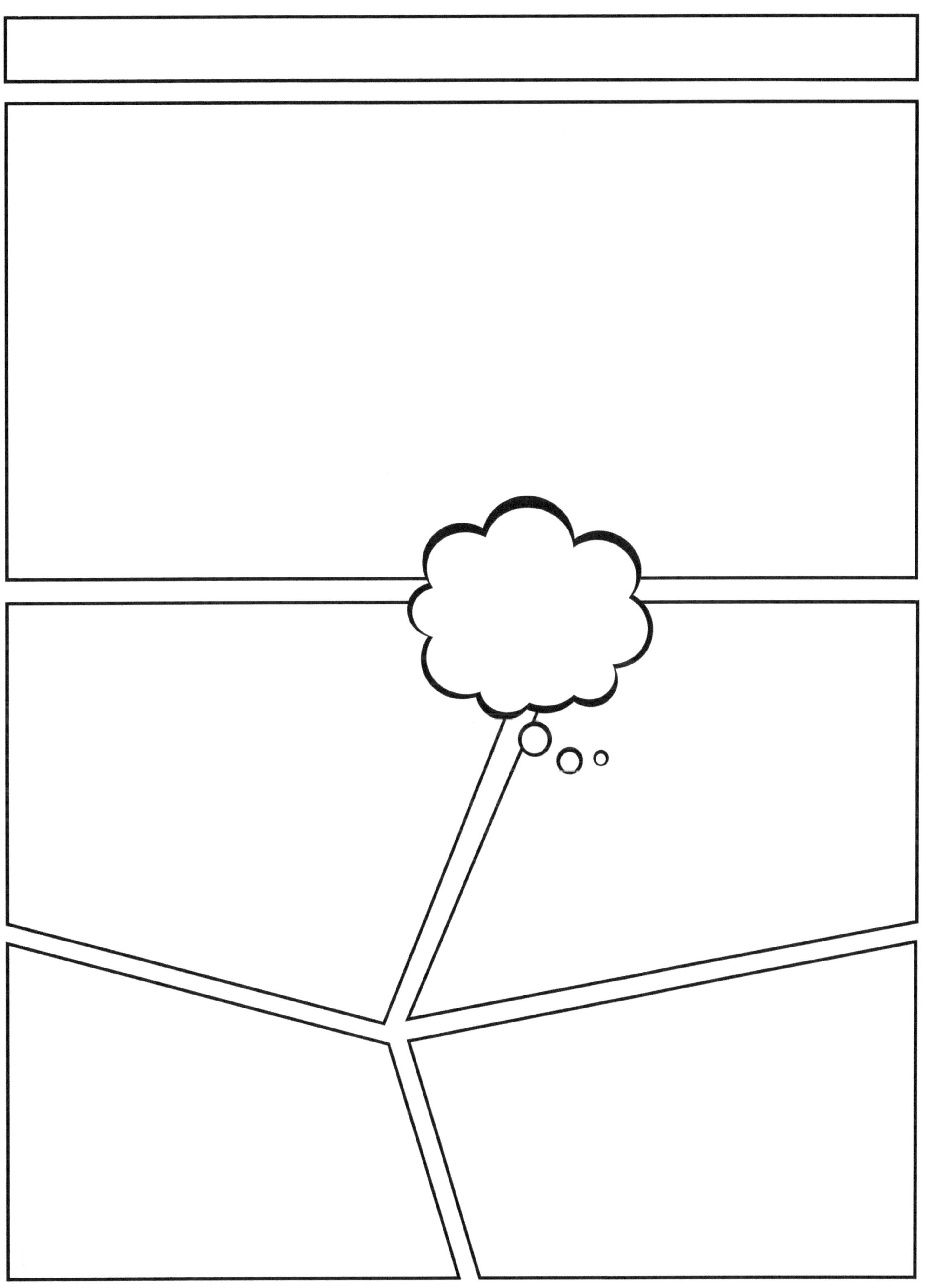

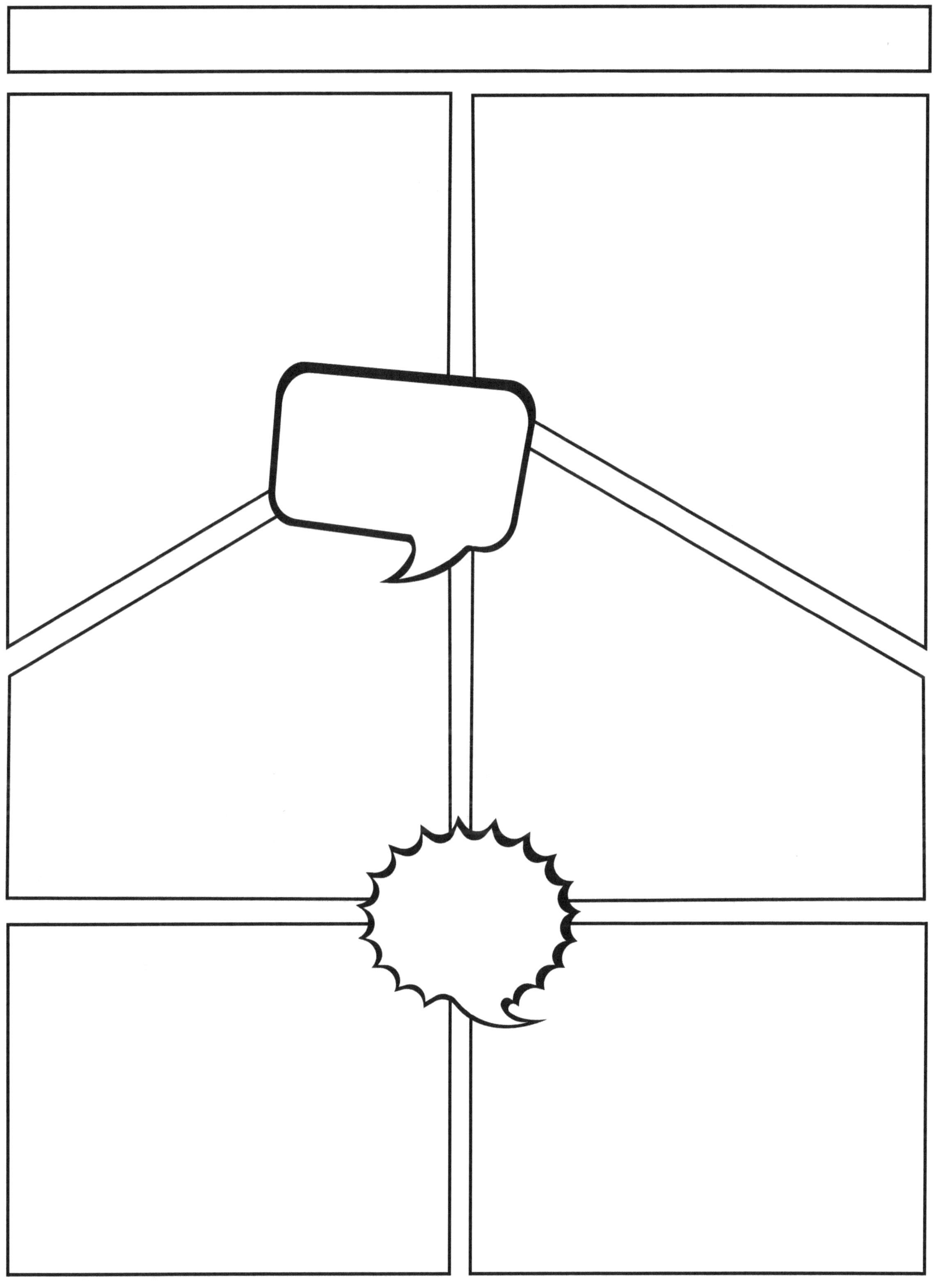

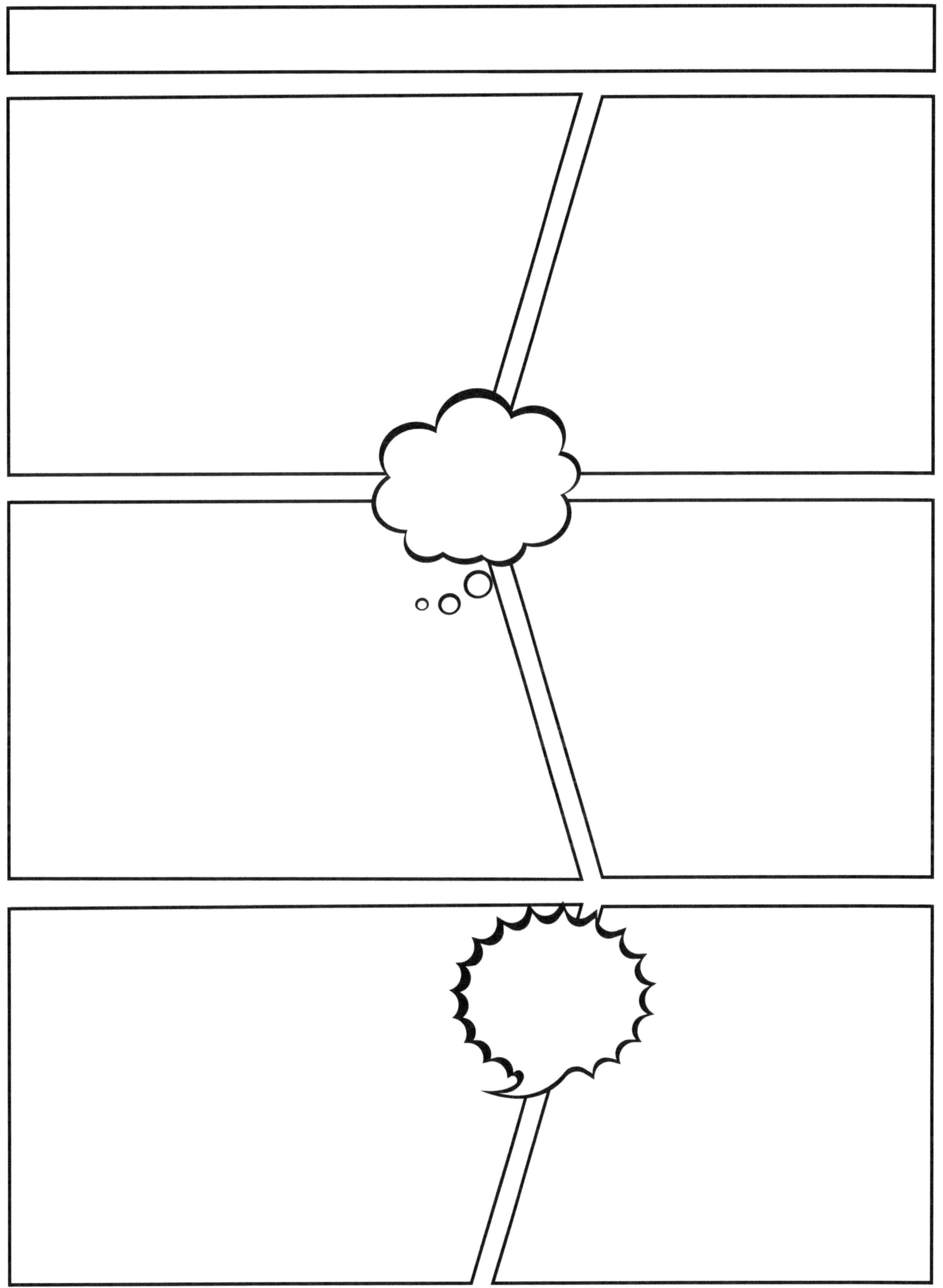

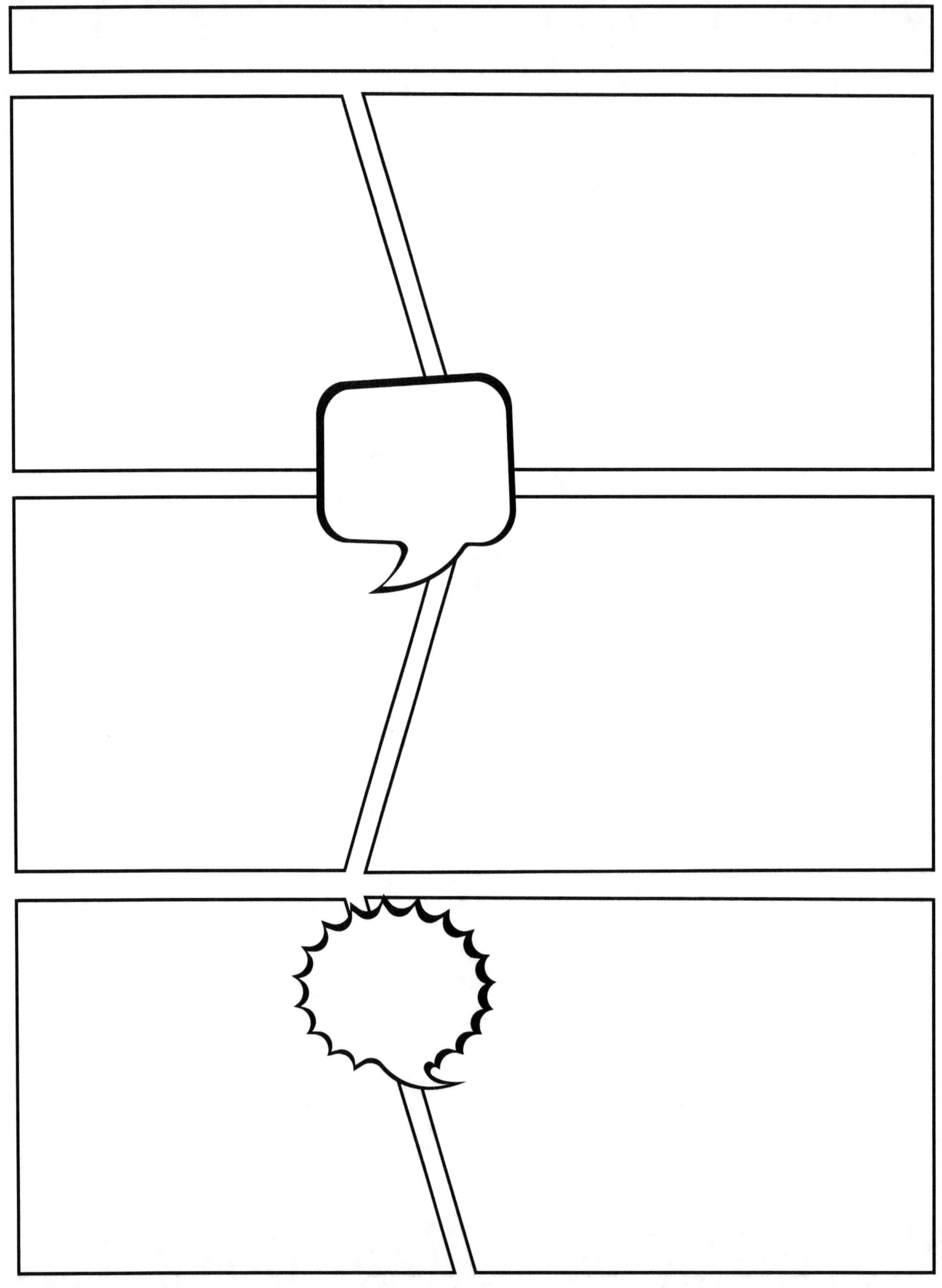

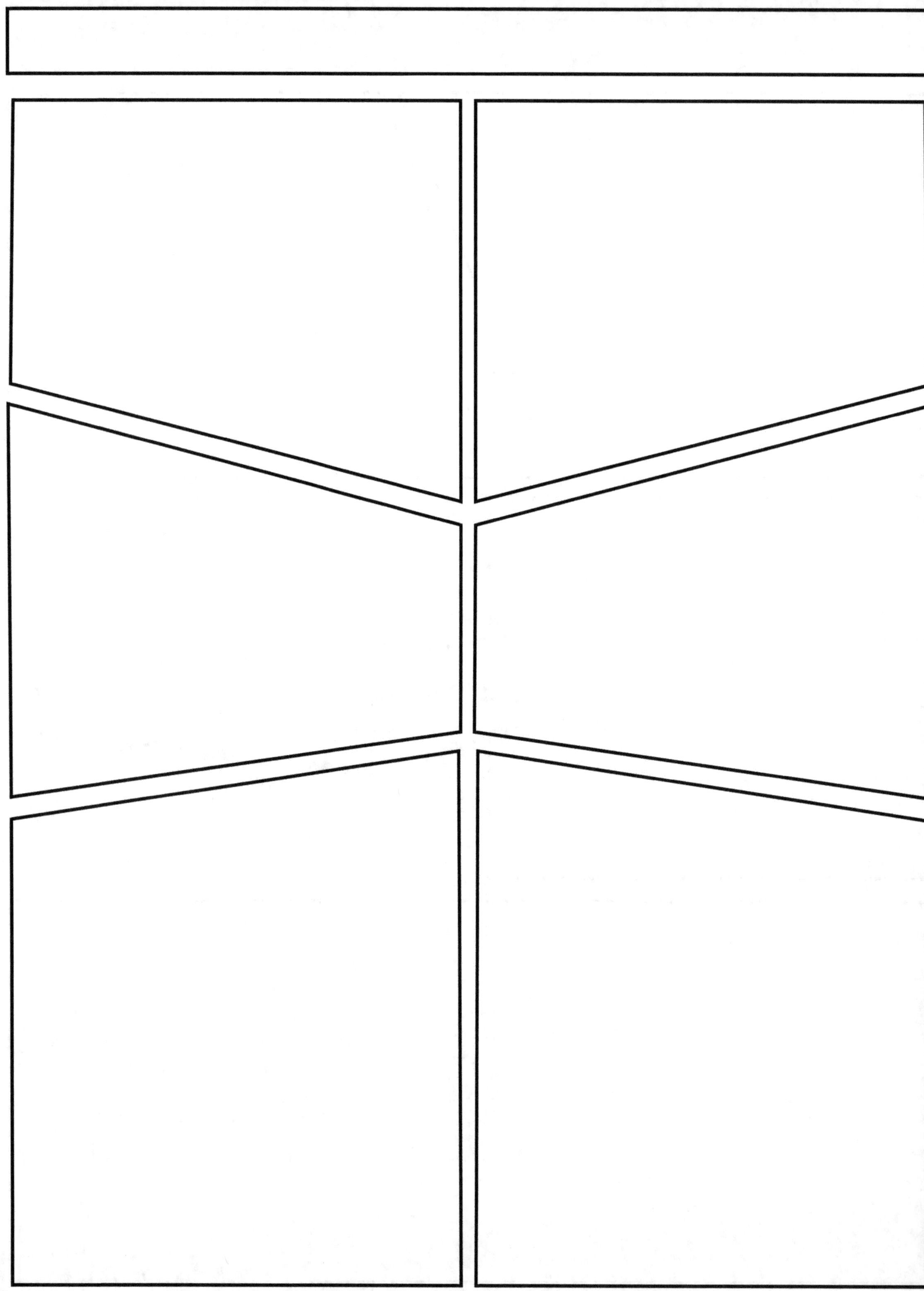

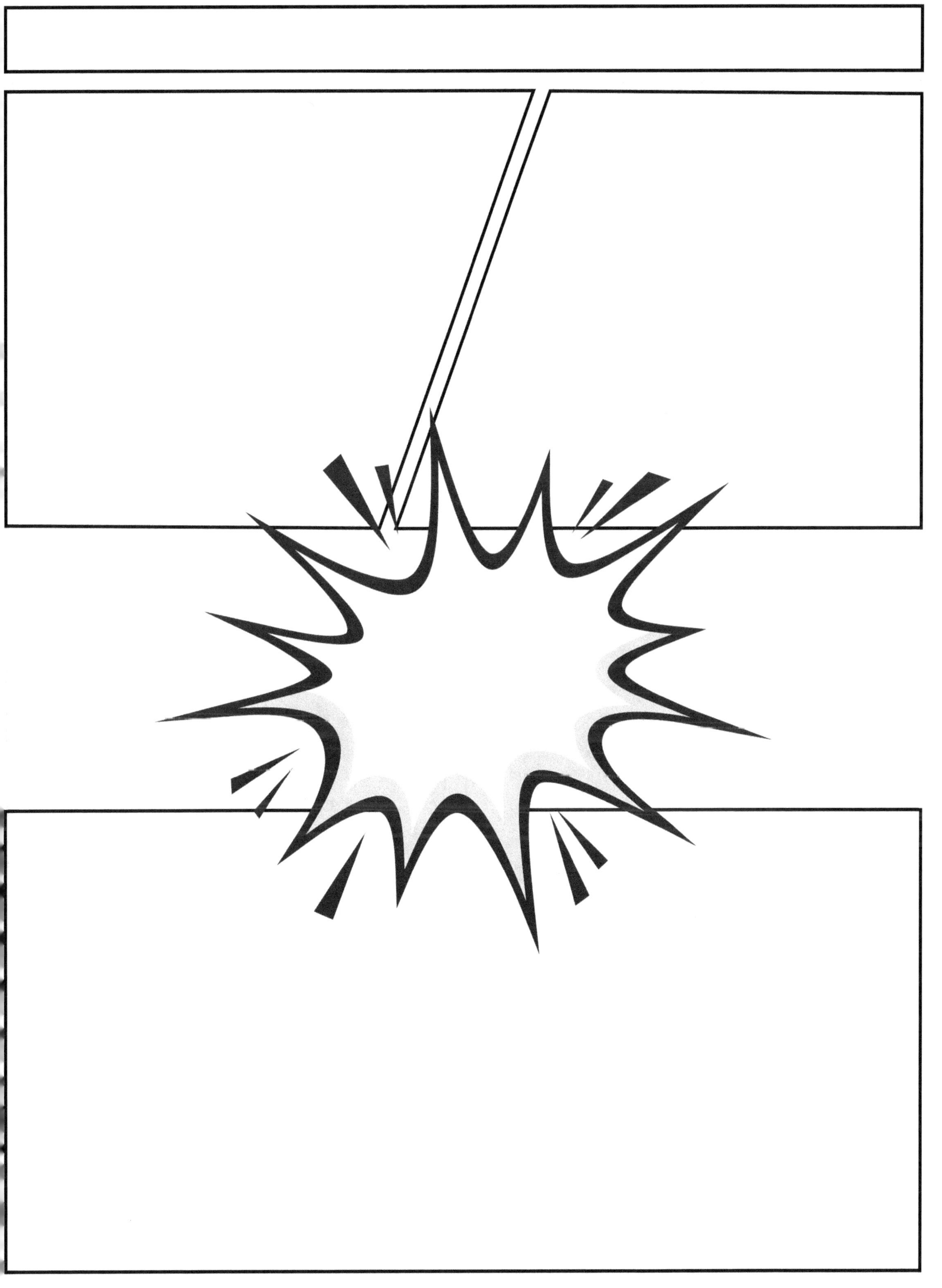

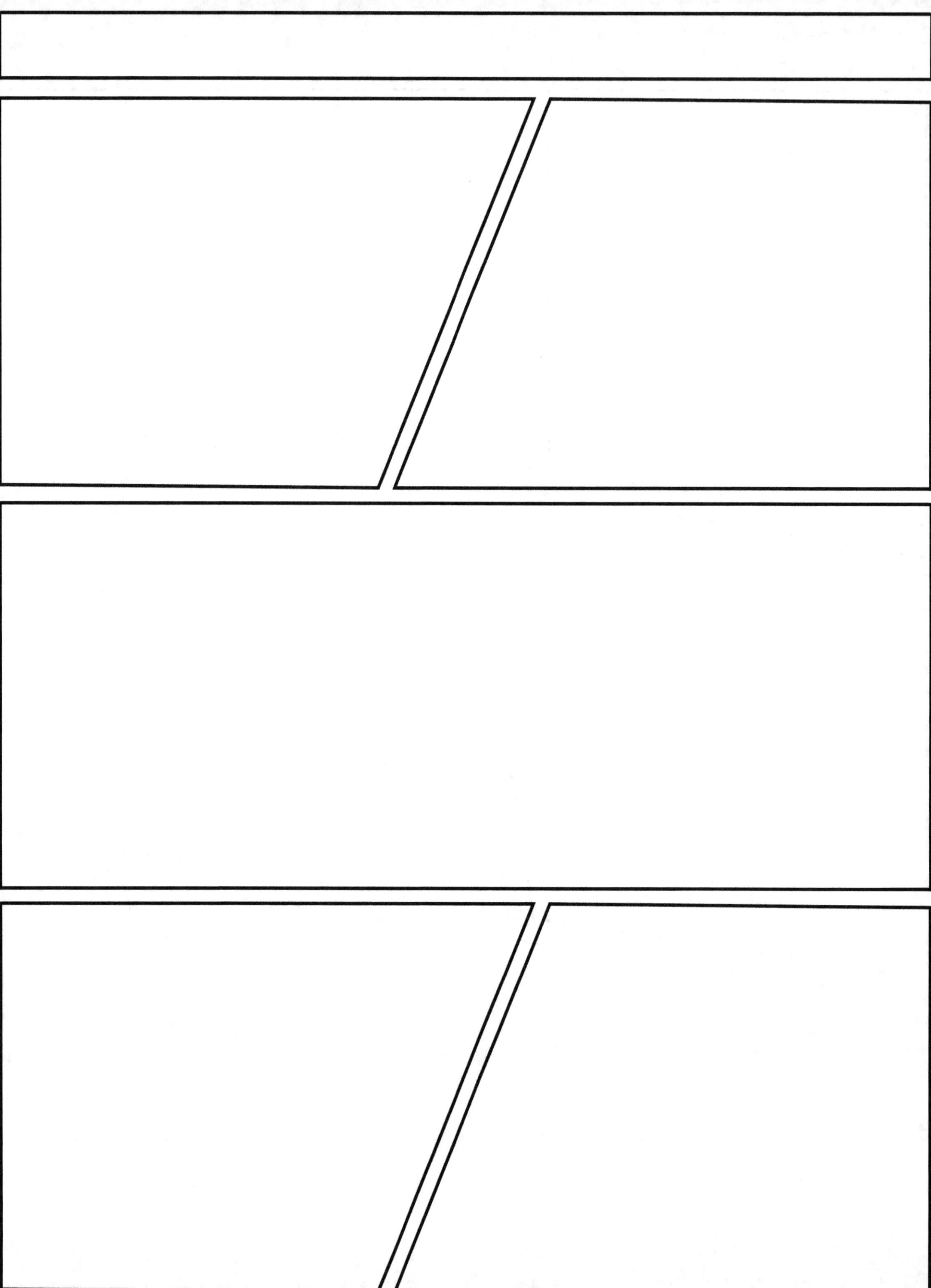

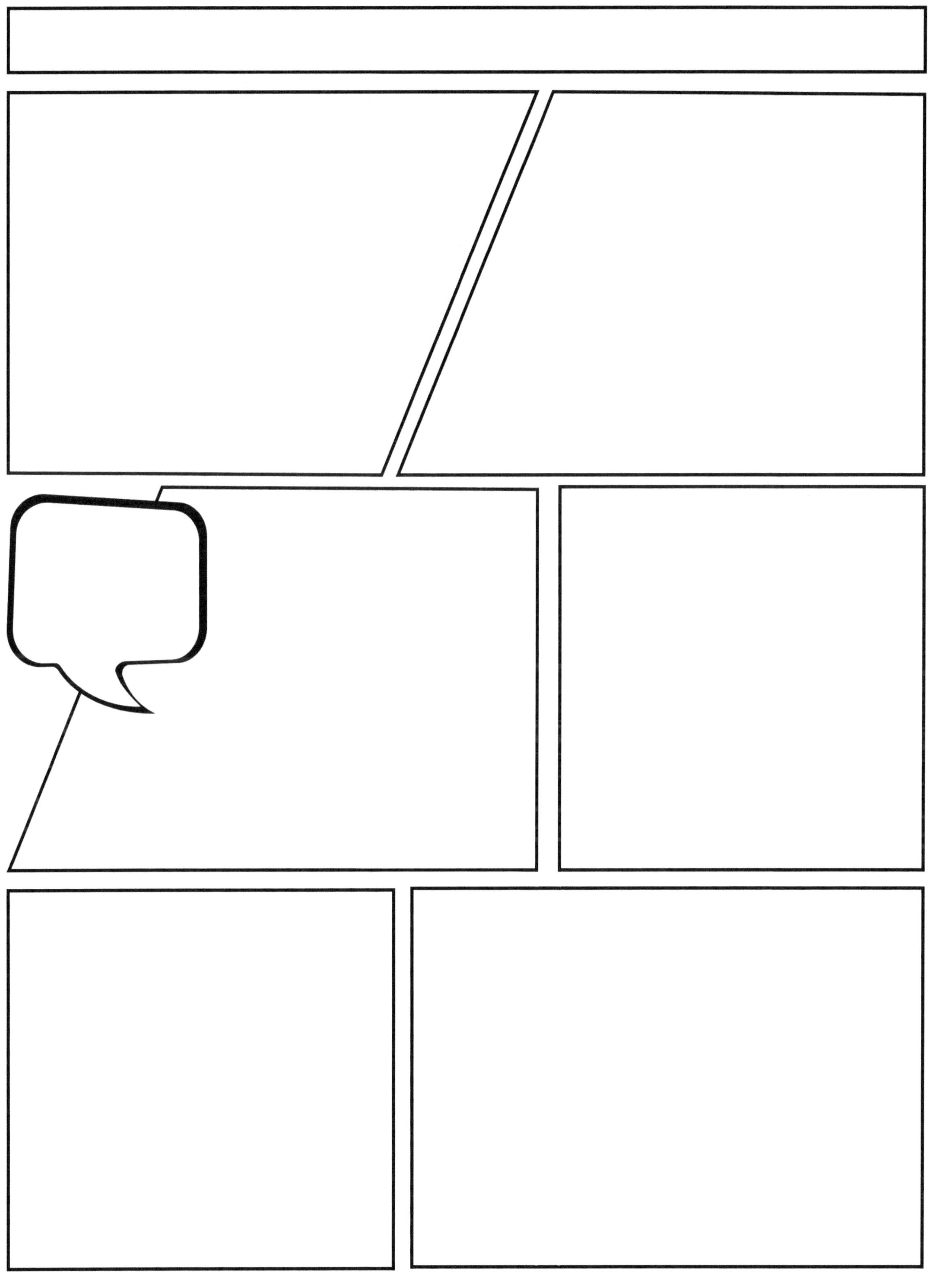

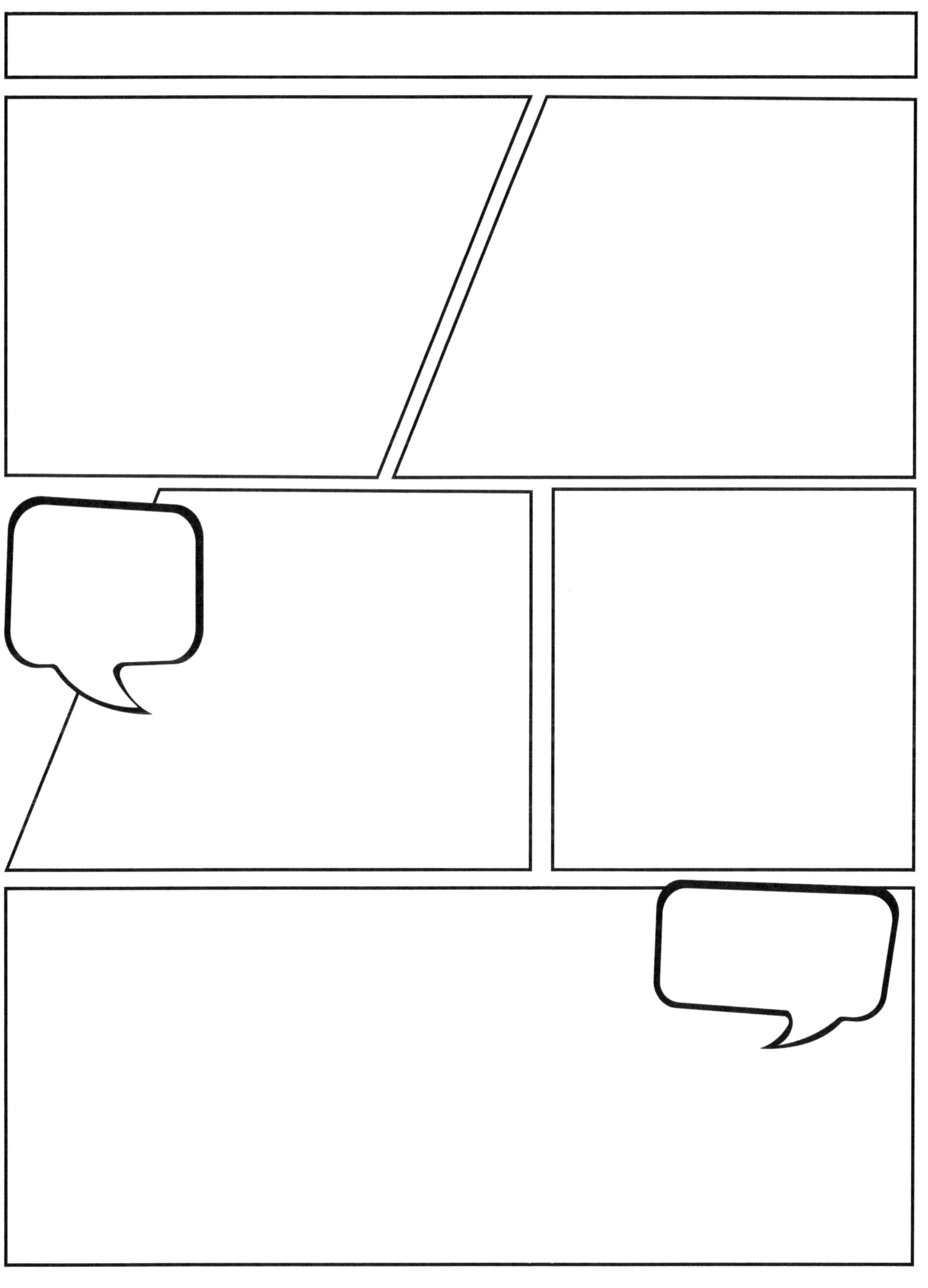

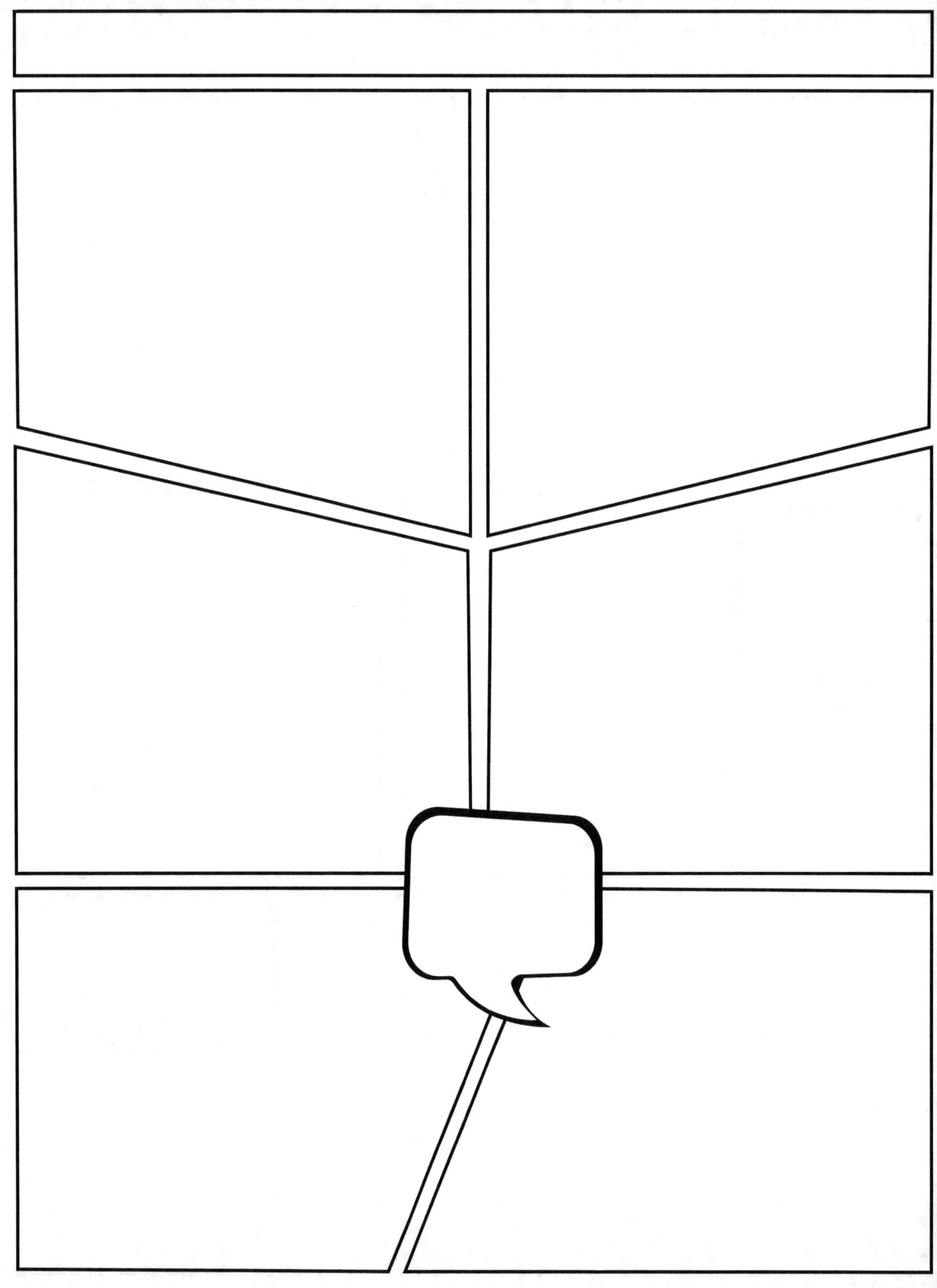

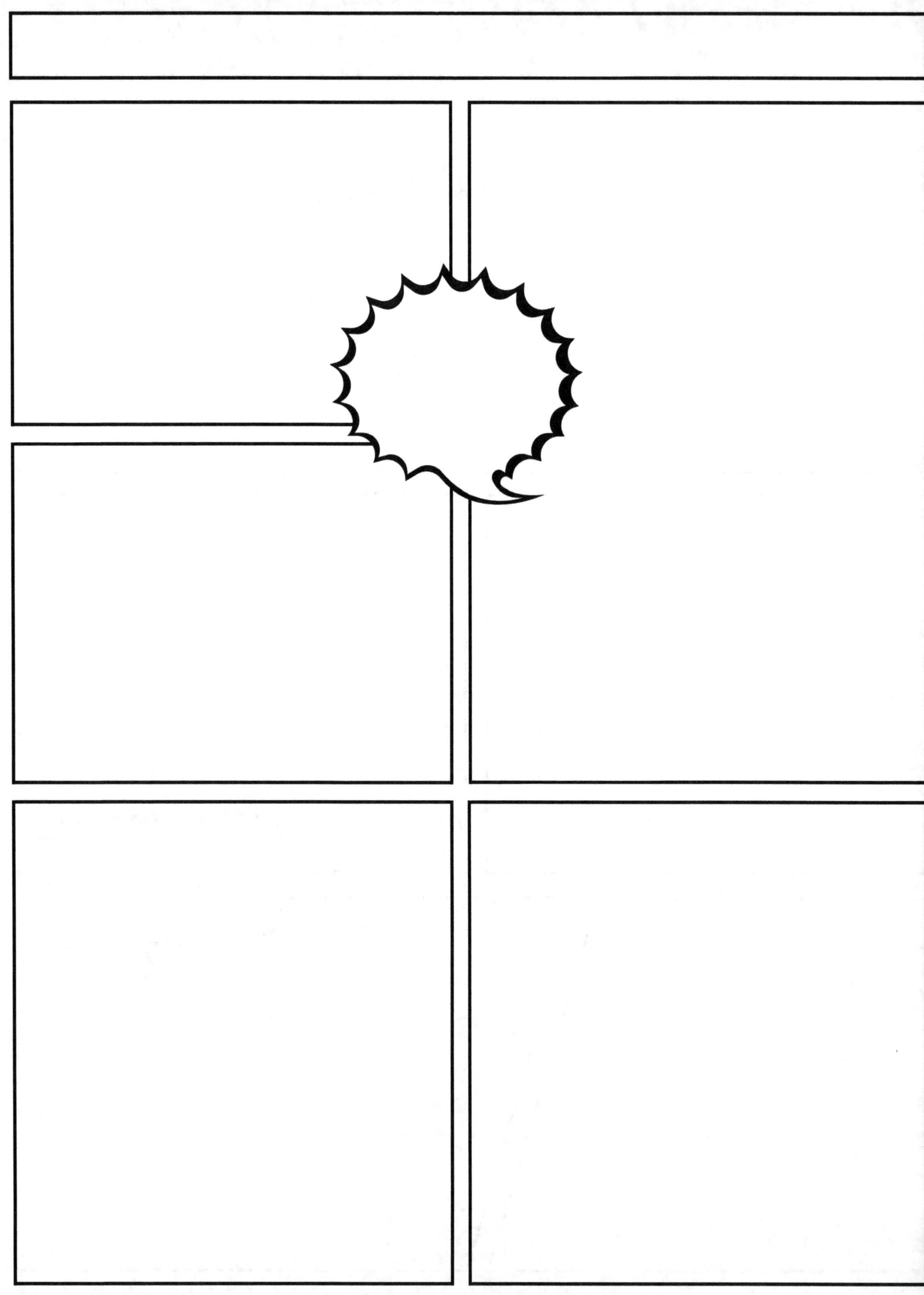

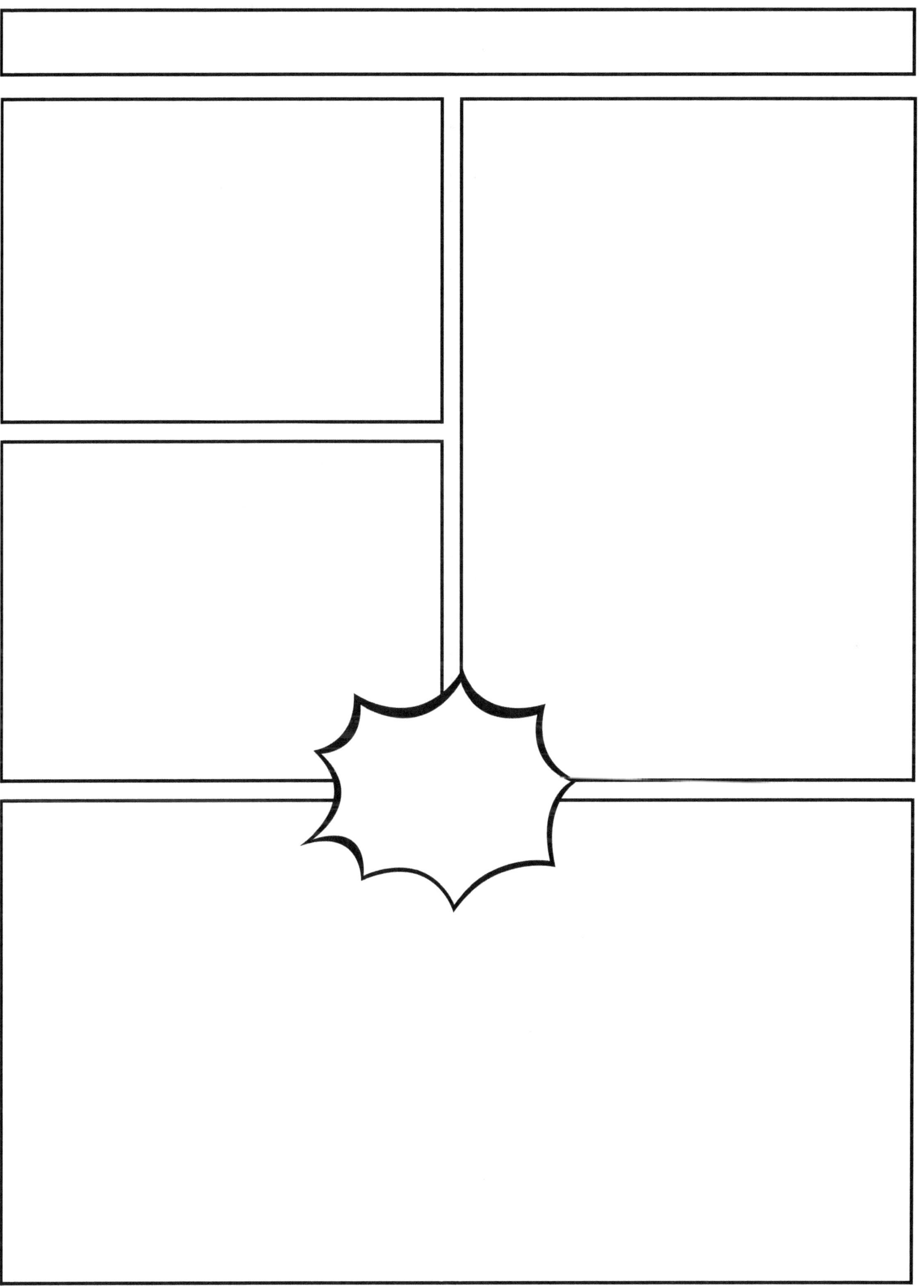

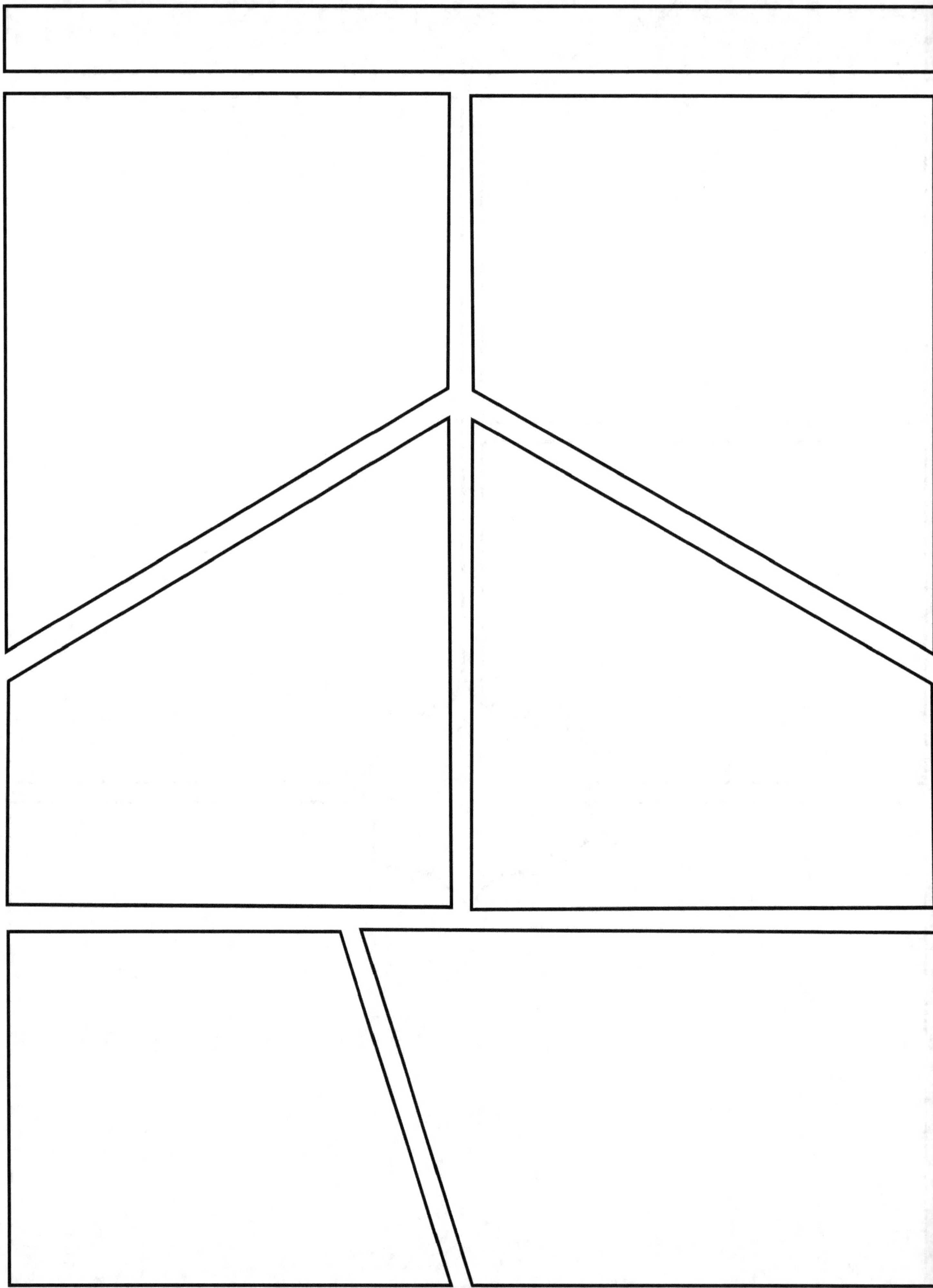

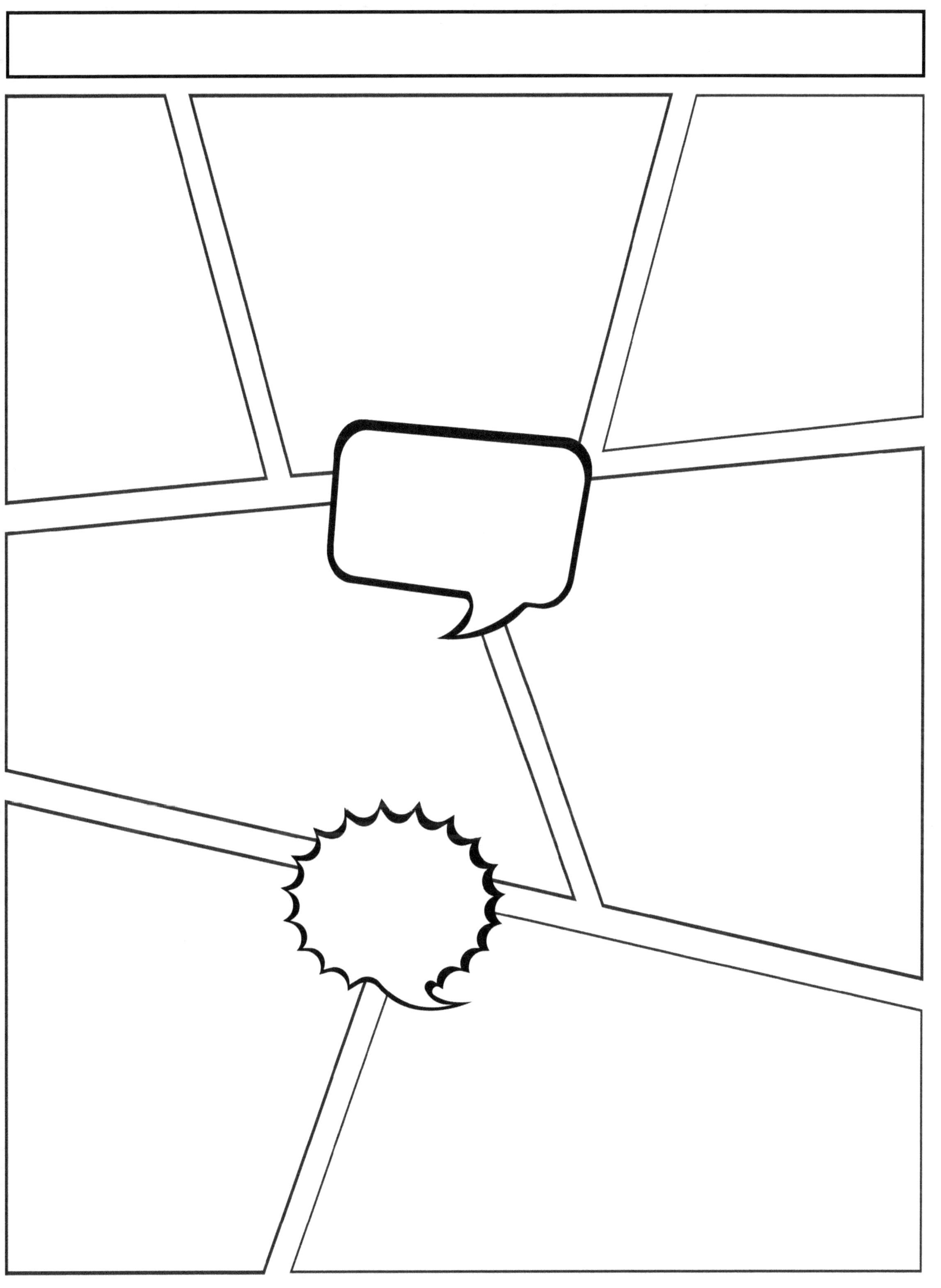

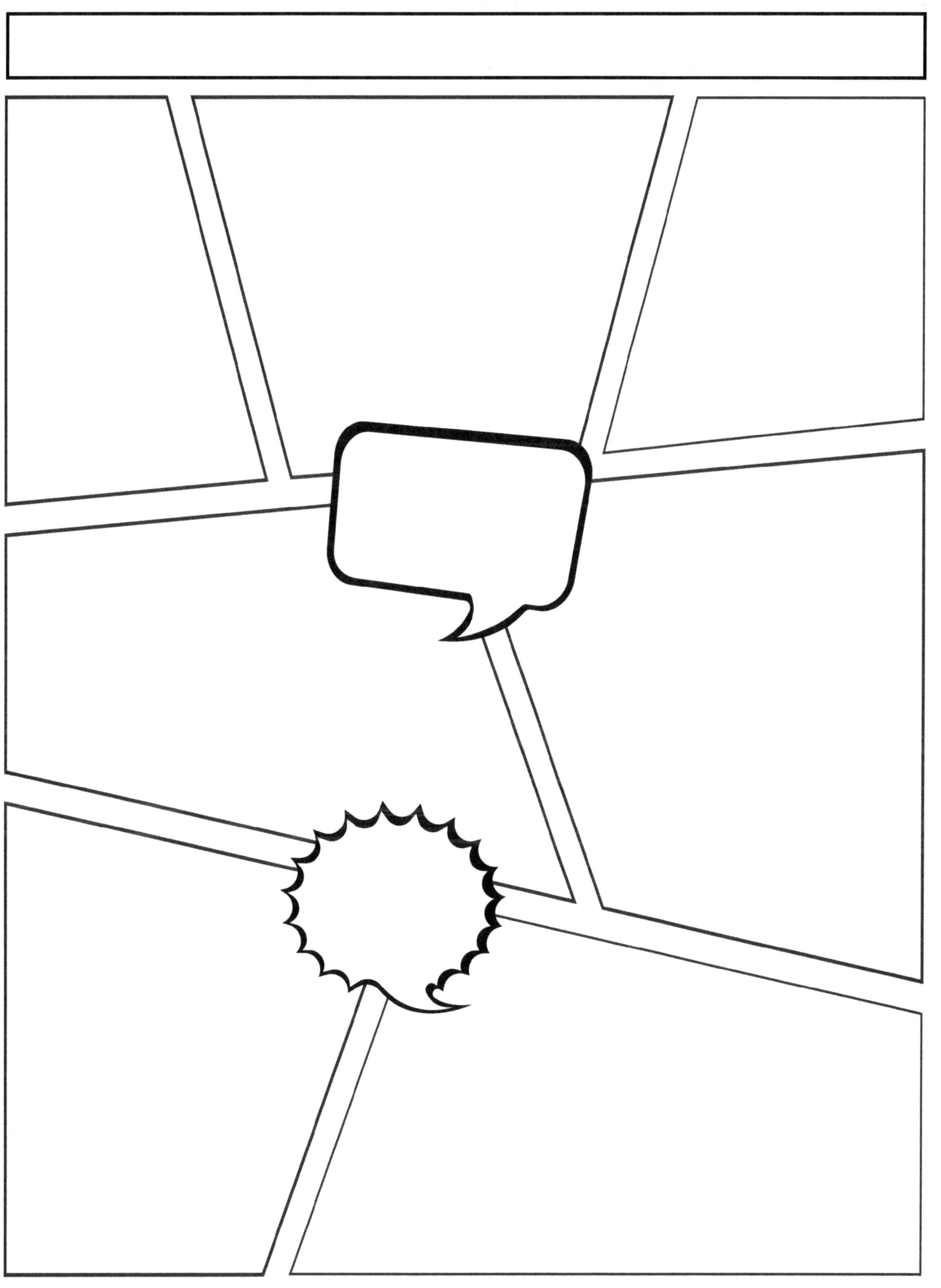

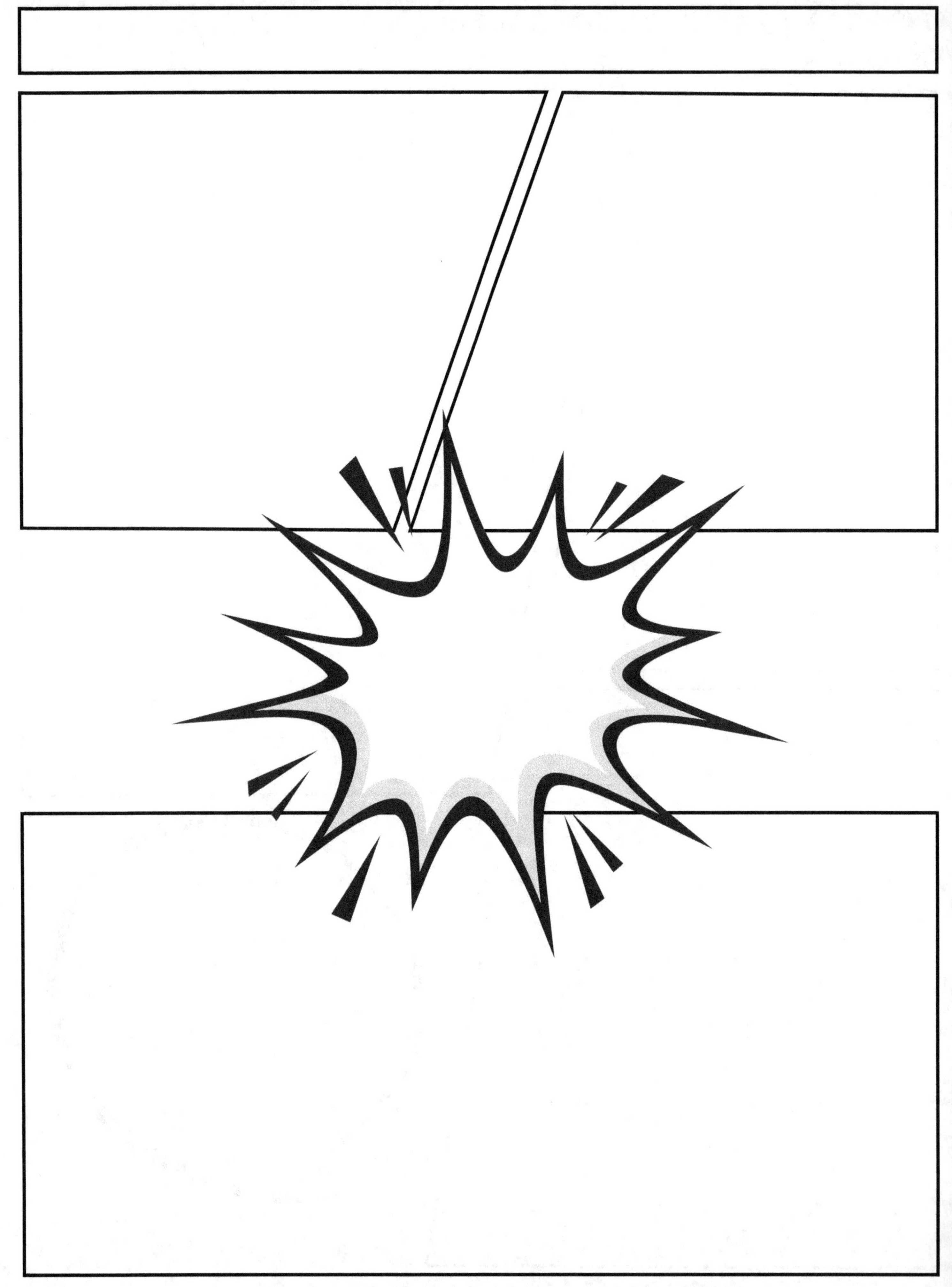

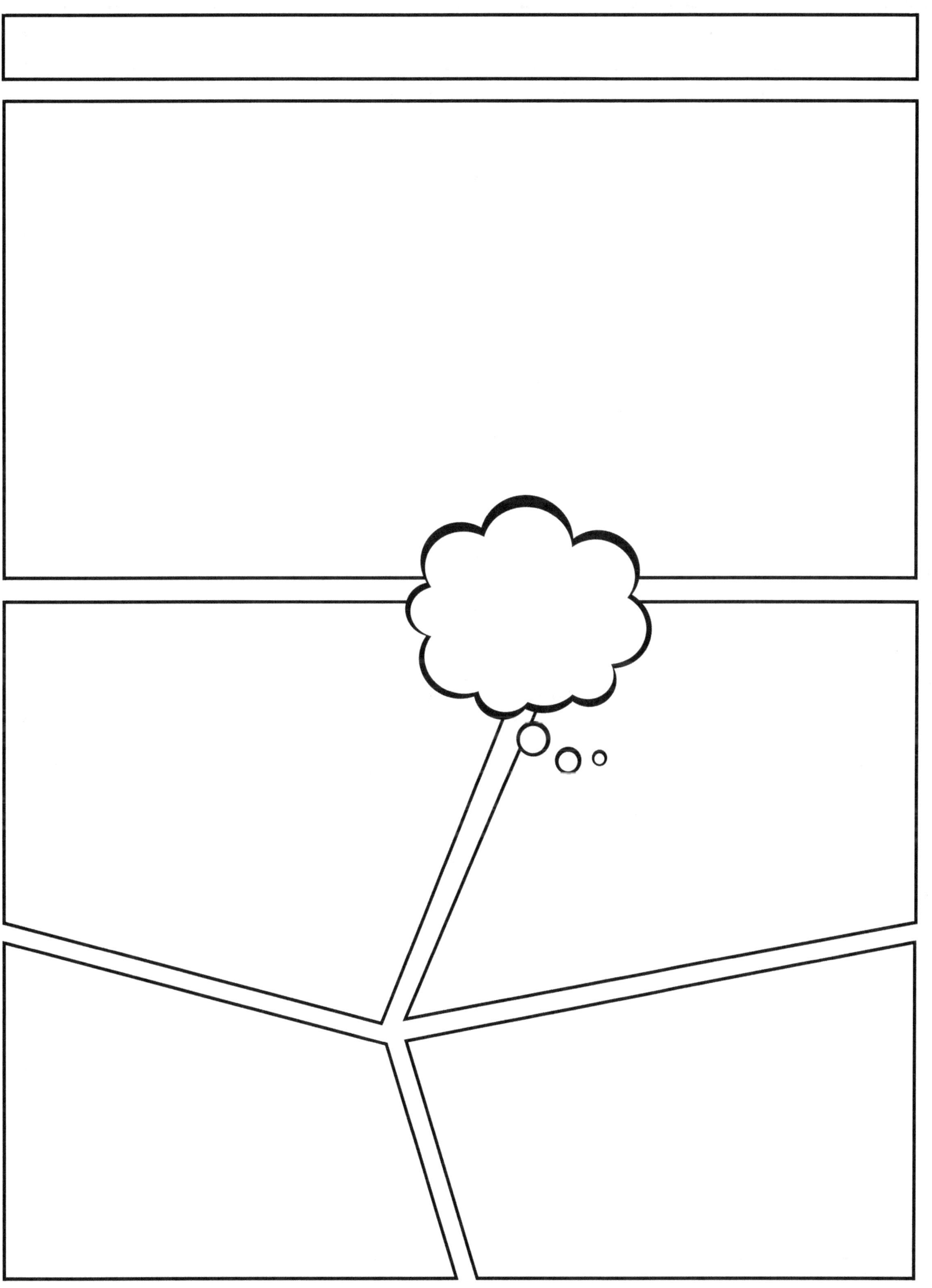

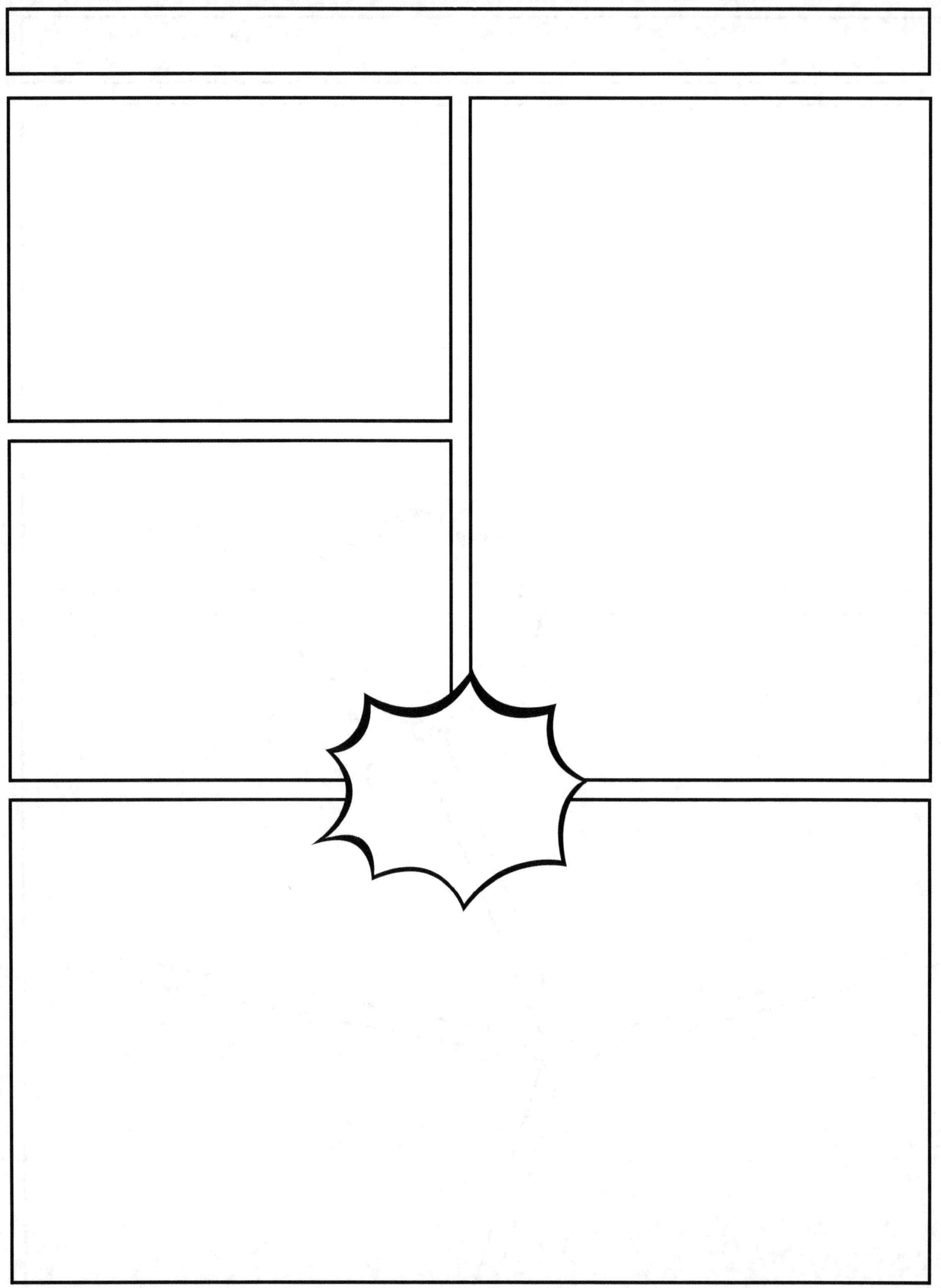

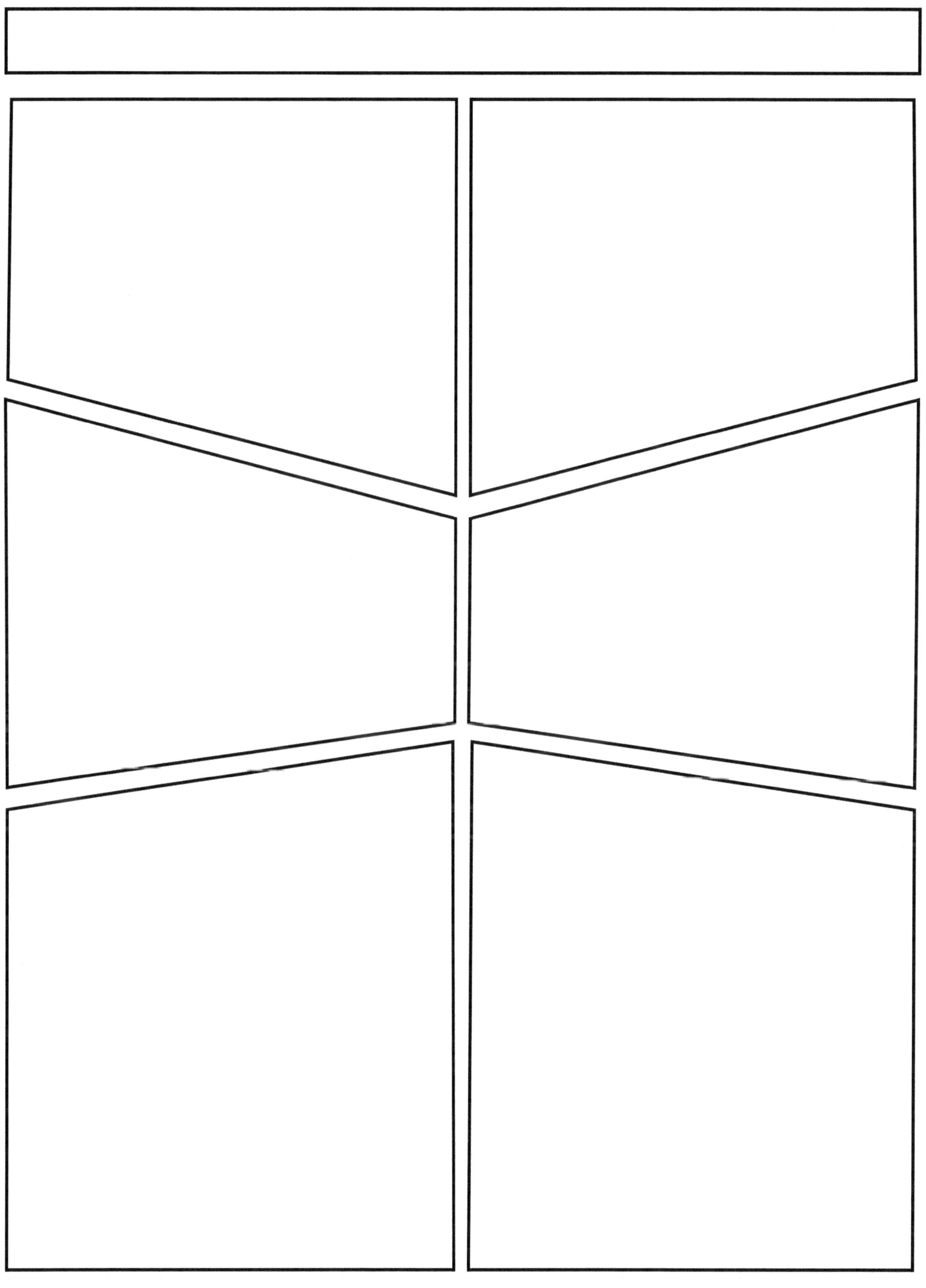

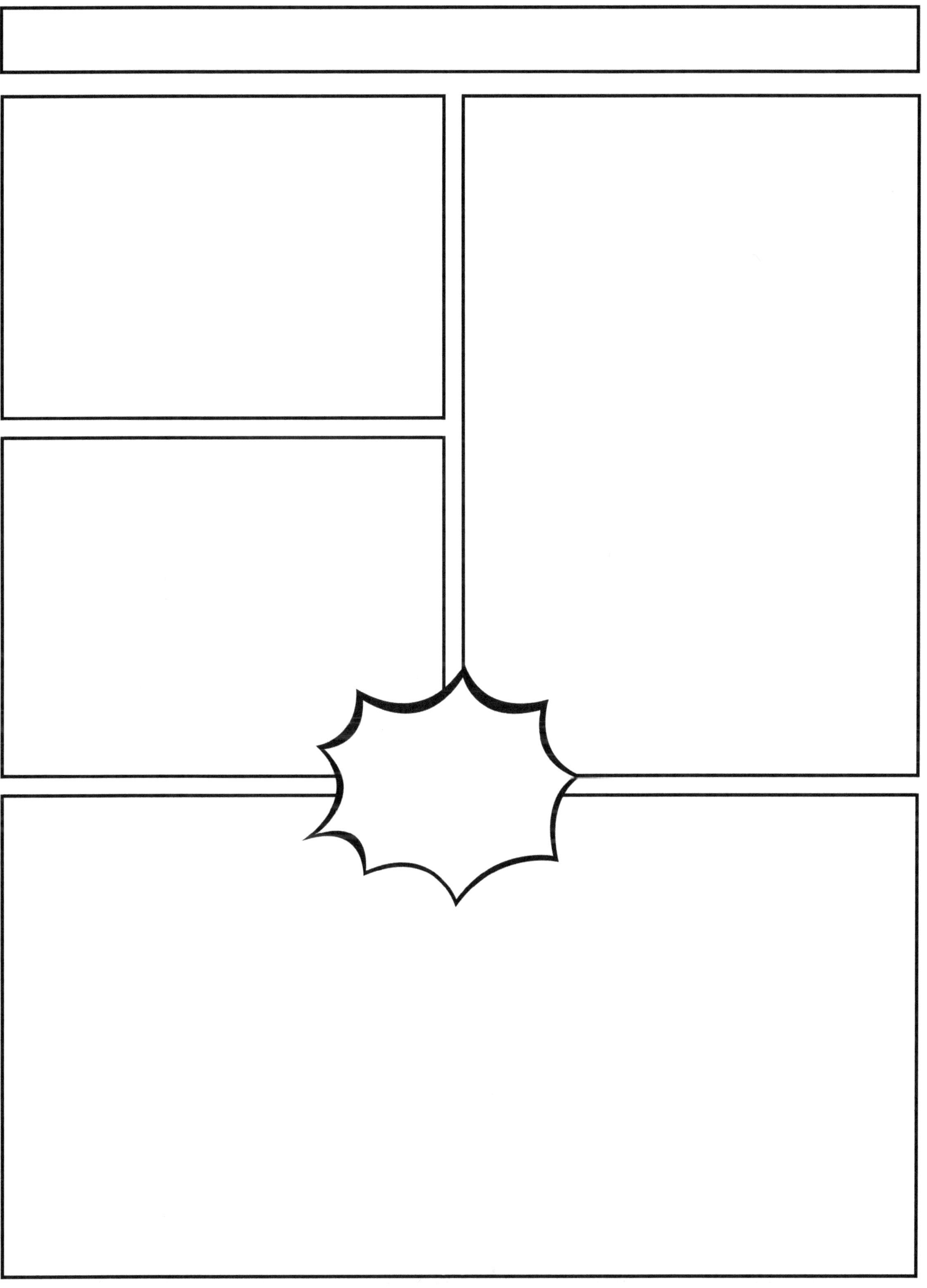

Bonus
Libro de
Notas

Gracias

Esperamos que hayas disfrutado de nuestro libro.

Como pequeña empresa familiar, sus comentarios son muy importantes para nosotros

Háganos saber si le gusta nuestro libro en:
drcipcom@gmail.com

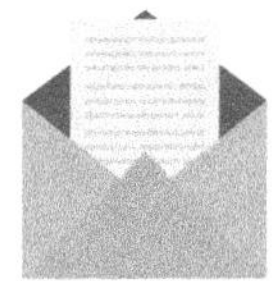

KIDS PLAY COMICS